绿色经济与绿色发展经典系列丛书

云南省林下产业扶贫绩效评价研究

李 娅 编著

中国林业出版社

图书在版编目（CIP）数据

云南省林下产业扶贫绩效评价研究/ 李娅编著. —北京：中国林业出版社，2019.7
（绿色经济与绿色发展经典系列丛书）
ISBN 978-7-5219-0180-1

Ⅰ．①云⋯　Ⅱ．①李⋯　Ⅲ．①林业经济－扶贫－评价－研究－云南
Ⅳ．①F326.277.4

中国版本图书馆 CIP 数据核字（2019）第 148133 号

本书由西南绿色发展研究院资助项目"云南省林下经济产业扶贫绩效评价及路
径选择研究"、云南省高校新型智库——云南林业经济研究智库、云南省哲学社
会科学研究基地课题"供给侧改革视角下云南核桃产业转型升级路径研究"
（编号：JD2017YB03） 共同资助出版

中国林业出版社·建筑分社
责任编辑： 纪　亮　樊　菲

出	版：	中国林业出版社
		（100009　北京市西城区刘海胡同 7 号）
网	站：	http：//www.forestry.gov.cn/lycb.html
发	行：	中国林业出版社
电	话：	（010）83143610
印	刷：	北京中科印刷有限公司
版	次：	2019 年 7 月第 1 版
印	次：	2019 年 7 月第 1 次
开	本：	1/16
印	张：	9
字	数：	250 千字
定	价：	68.00 元

《绿色经济与绿色发展经典系列丛书》编委会

组编单位：绿色发展研究院

主　　任：吴　松

副 主 任：罗明灿　陈国兰　蓝增全

本书作者

李　娅

序

    云南省地处我国西南边陲，是集山区、边疆、贫困、民族于一体的省份，其贫困程度极深、致贫原因复杂、扶贫工作困难，是我国推进脱贫攻坚的主战场之一。自党的十八大以来，党中央、国务院一直将打赢脱贫攻坚战、全面建成小康社会作为各项工作的重心，全国各级人民政府围绕上述目标集中一切力量实施各项工作，同时，就"林下产业扶贫"而言，国家相关部门以及云南省政府、云南省林业厅等均根据实际情况出台了许多切实有效的相关政策。

    经过多年的扶贫攻坚工作，云南省在实现贫困人口逐年下降方面取得了非常可喜的成绩，然而，截至 2018 年底，该省仍有 181 万贫困人口，占全国贫困人口总数的 13.1%，贫困发生率为 5.39%。同时，云南省林地面积为 0.26 亿 hm^2，占云南省国土总面积的 68%；森林面积为 0.23 亿 hm^2，占全国森林面积的 11.7%；森林覆盖率为 60.2%，居全国前列。因此，云南省作为我国的林业大省，其林地林木以及由此而产生的林下经济等森林资源成为山区农民非常重要的生产生活资料来源，也是林区人民摆脱贫困困扰的重要物质基础。如何更好地利用当地林下资源，如何因地制宜、结合当地特色培育和发展高原特色林下产业，是实现云南省绝大多数地区贫困人口脱贫致富的关键所在。

    本研究通过前期关于云南省林下经济的调研成果，结合实地调研，明确云南省林下产业的扶贫情况，同时，构建用于开展该省林下产业扶贫绩效的评价体系，并从云南省选取典型案例，分析评价这些地区林下产业扶贫的效果，从而明确当地在实施扶贫过程中存在的不足及问题，为进一步解放该省林业生产力，更好地破解贫困地区的农户生计问题提供重要的理论参考。不仅对实现云南省林下产业转型升级具有重要的现实意义，也对我国全面建成小康社会完成"最后一公里"具有重要的现实意义。

    本研究得到了硕士研究生窦亚权、曾文华、余红红、王雅男、何旅娜等人的大力支持，上述学生跟随著者一同前往怒江傈僳族自治州（以下简称怒江州）泸水市三河村开展问卷调查及访谈工作，其中，窦亚权在林下产业扶贫绩效评价体系构建及实证研究方面做了诸多工作，并以此为题完成其硕士论文。著者感谢学生们的辛勤付出。此外，著者非常感谢怒江州经济作物管理站普云副站长，泸水县农业局杨湖军副局长，泸水市三河村明志刚书记，泸水市三河村致富带头人、"杨老七中药材种植林农专业合作社"负责人杨贤开，他们为课题组的调研工作提供了大力支持。

由于时间及能力所限，本研究仅对怒江州泸水市的一个典型案例村开展了实地调研，未能进一步选择更多不同类型的典型案例村开展研究。同时，所调研的农户多居住于偏远险峻山区，交通不便且居住相对分散，造成所调研的农户样本量不够大。书中数据量较多，且跨越年代较长，尽管经过著者及编辑的认真核对整理，难免仍有不妥之处，敬请读者批评指正。

李　娅
2019 年 5 月 5 日

目 录

序

1

绪 论

1.1 研究背景

2017年10月18日，习近平总书记在党的十九大报告中指出："让贫困人口和贫困地区同全国一道进入全面小康社会是我们党的庄严承诺"[1]。明确脱贫的工作任务和目标为"重点攻克深度贫困地区脱贫任务，确保到二〇二〇年我国现行标准下农村贫困人口实现脱贫，贫困县全部摘帽，解决区域性整体贫困，做到脱真贫、真脱贫"；同时，强调实现上述目标的工作方法为"要动员全党全国全社会力量，坚持精准扶贫、精准脱贫，坚持中央统筹省负总责市县抓落实的工作机制，强化党政一把手负总责的责任制，坚持大扶贫格局，注重扶贫同扶志、扶智相结合，深入实施东西部扶贫协作"。2019年1月，《中共中央 国务院关于坚持农业农村优先发展做好"三农"工作的若干意见》进一步从"不折不扣完成脱贫攻坚任务、主攻深度贫困地区、着力解决突出问题、巩固和扩大脱贫攻坚成果"等四大方面明确了新时期国家实施"聚力精准施策，决战决胜脱贫攻坚"的决心和宣言（附录1）。

自2012年党的十八大以来，党中央、国务院一直将打赢脱贫攻坚战、全面建成小康社会作为各项工作的重心，全国各级人民政府围绕上述目标集中一切力量实施各项工作，同时，就"林下产业扶贫"而言，国家相关部门以及云南省政府、云南省林业厅等均根据实际情况出台了许多切实有效的相关政策（表1-1）。此外，为了进一步贯彻落实中央关于脱贫攻坚的战略部署和精准扶贫、精准脱贫的基本方略及《国务院办公厅关于加快林下经济发展的意见》（国办发〔2012〕42号）中"形成一批各具特色的林下经济示范基地"的明确要求，结合全国林下经济现状和服务精准扶贫总体要求，国家林业局于2016年认定全国有225家"服务精准扶贫国家林下经济及绿色产业示范基地"，其中云南省有28家，包括泸西县、金平县、龙陵县、永仁县、彝良县以及元阳县等（附录2）。上述示范基地的建设为更好地发挥林下产业在扶贫中的特殊作用奠定了政策基础，同时，也通过以点带面的示范作用，进一步推广先进经验和发展模式，辐射带动广大农民积极发展林下经济及绿色产业，实现增收脱贫，为周边及类似区域提供借鉴参考，更好地发挥林下经济及绿色产业在服务精准扶贫中的重要作用。

表1-1　十八大以来国家及云南省相关部门开展促进林业扶贫相关政策汇总

时间	政策名称	林业产业扶贫相关内容	部门
2014年1月25日	关于创新机制扎实推进农村扶贫开发工作的意见	到2015年，力争让每个有条件的贫困农户掌握1至2项实用技术，至少参与1项养殖、种植、林下经济、花卉苗木培育、沙产业或设施农业等增收项目；到2020年，初步构建特色支柱产业体系。	中共中央办公厅、国务院办公厅
2015年11月24日	关于整合和统筹资金支持贫困地区油茶核桃等木本油料产业发展的指导意见	充分利用贫困地区的林地资源，大力发展油茶、核桃等木本油料产业，加快山区经济发展、破解贫困人口脱贫难题。	国家林业局、财政部、国务院扶贫办、国家开发银行
2016年4月26日	关于在贫困地区开展林下经济及绿色产业示范基地推荐认定的通知	大力发展林业特色产业和林下经济，促进农民增收，提高贫困地区自我发展能力，实现生态保护脱贫、产业特色脱贫。	国家林业局
2016年5月5日	关于推进林业精准扶贫工作的实施意见	加快发展林下经济。中央财政造林和林木良种补助资金中用于木本中药材和草本中药材种植的，重点安排到贫困县（市、区），支持发展林下经济。鼓励贫困地区结合森林经营管护和抚育，发展林下特色种植、养殖和食用、药用菌类培植。支持贫困地区充分利用林下条件和林间多种生物资源，开展森林食品、保健品的采集业。	云南省林业厅
2016年11月23日	国务院关于印发"十三五"脱贫攻坚规划的通知	因地制宜大力推进木本油料、特色林果、林下经济、竹藤、花卉等产业发展，打造一批特色示范基地，带动贫困人口脱贫致富。	国务院办公厅
2017年7月26日	云南省脱贫攻坚规划（2016－2020年）	依托退耕还林和国家生态建设工程，支持贫困地区建设核桃、油茶、油橄榄等木本油料和构树、水果等特色林果基地，依托自然保护区、国家公园、森林公园、湿地公园和国有林场森林资源，发展林下经济和生态旅游产业。	云南省人民政府
2018年10月22日	云南省生态扶贫实施方案（2018－2020年）	主要通过推广生态建设扶贫合作社的形式，发展三大生态产业。大力发展生态旅游业、特色林产业、特色林下种养业，拓宽贫困人口增收渠道。到2020年，88个贫困县分别布局一到三个主导生态产业链，其中27个深度贫困县分别布局三个以上主导生态产业链。	云南省发改委、云南省林业厅

　　云南省地处我国西南边陲，是集山区、边疆、贫困、民族于一体的省份，其贫困程度极深、致贫原因复杂、扶贫工作困难，是我国推进脱贫攻坚的主战场之一[2]。经过多年的扶贫攻坚工作，该省在实现贫困人口逐年下降方面取得

了非常突出的成绩，然而，截至 2018 年底，该省仍有 181 万贫困人口，占全国贫困人口总数的 13.1%，贫困发生率为 5.39%。同时，云南省林地面积为 0.26 亿 hm²，占云南省国土总面积的 68%；森林面积为 0.23 亿 hm²，占全国森林面积的 11.7%；森林覆盖率为 60.2%，居全国前列。因此，云南省作为我国的林业大省，其林地林木以及由此而产生的林下经济等森林资源成为山区农民非常重要的生产生活资料来源[3]，也是林区人民摆脱贫困困扰的重要物质基础。如何更好地利用当地林下资源，如何因地制宜、结合当地特色培育和发展高原特色林下产业，是实现云南省绝大多数地区贫困人口脱贫致富的关键所在。

自 2008 年 6 月 8 日，中共中央、国务院颁发了《关于全面推进集体林权制度改革的意见》以来，全国各地积极推进集体林权制度改革[4-8]，在一定程度上有助于农民更好地利用"林权"改变经济落后的生活水平[6]。然而，近些年，国内学者研究发现，林农手中有林权证却依然生活贫困的现象相当普遍，这种情况在云南、贵州等贫困地区尤为突出[9,10]。值得关注的是，目前，我国很多集体林已被划入天然林保护区、重点生态公益林区或自然保护区等，林业部门对其开展进一步保护，然而，由于不同管理制度体系存在着相互对抗的关系，从而造成拥有林权证的当地农户在开展林地经营活动时往往会受到种种制约，从而严重抑制了当地经济的发展和农民开展林地经营活动的积极性。为了解决上述问题，进一步解放生产力，化解生态保护与农户生产发展之间的矛盾，近些年，全国各地均进行了较多探索，形成了诸多关于林下经济发展的研究成果[11-13]。特别是对于云南省而言，其采用大力发展林下采集、林下种植、林下养殖、森林旅游等诸多林下经济政策[14-16]，同时结合当地资源更好地推进了林下特色绿色产业的发展[3,12]，形成了一批具有典型特色的林下经济模式[3,17]。然而，从目前全省林下经济发展整体水平来看，其规模不够大、资源利用不够充分，整体水平尚处于资源大、产业小、效益低、农户创收能力不强的初级发展阶段[18,19]。这就促使当地各级政府以及学术界急需着力解决以下问题：如何实现云南省林下经济的产业化、规模化发展，保障更多农户从林下经济的发展中获得最大收益？如何结合当地资源优势，将林下经济产业发展与实现扶贫目标相结合，更好地解决林下产业扶贫的路径问题？

1.2　研究目的及意义

1.2.1　研究目的

"十三五"是我国全面建成小康社会的关键时期，在贫困地区开展林下产业助推解决扶贫问题具有非常强的紧迫性[20]。前期研究明确，林下产业与扶贫工作之间的关系研究是一个非常巨大且系统的工程，涉及林下产业发展状况、扶贫效果、绩效评价体系的构建以及林下产业提升扶贫绩效的路径等诸多方面的内容。就林下产业发展而言，如何才能更加准确地开展效果评价，所构建的指标体系涉及何种指标，采用哪个时间点的数据，均对评价的最终结果产生较大影响，同时，数据采集的难易程度、指标的归类情况同样影响着最终评价结果的准确性。

随着我国各地进入后集体林权改革时期，同时，在国家大力实施供给侧改革的背景下，林业产业与其他产业急需转型升级，如何将林下经济与产业发展相结合以实现扶贫攻坚目标，是当前学术界急需解决的问题。各地在发展林下经济、实现当地林下产业带动经济水平提高方面的研究，具有重要的实践价值，然而，就云南省而言，林下产业对于扶贫的效果如何？林下产业对于贫困地区的农民生活水平提高情况如何？林下产业对于破解贫困问题能否发挥持续作用？每一个地区林下产业扶贫的具体实施路径是什么？这些问题都有待进一步梳理和研究。

因此，本研究通过前期关于云南省林下经济的调研成果，结合实地调研，以期明确云南省林下产业的扶贫情况，同时，构建用于开展该省林下产业扶贫绩效的评价体系，并从云南省选取典型案例村，分析评价这些地区林下产业扶贫的效果，从而明确当地在实施扶贫过程中存在的不足及问题，为进一步明确云南省其他地区林业扶贫效果的路径，以及为进一步解放该省林业生产力，更好地破解贫困地区的农户生计问题提供重要的理论参考。

1.2.2　研究意义

自中华人民共和国成立以来，我国各地在长期的扶贫实践中，逐渐形成了具有中国特色、符合当地实际情况的具体扶贫思路、扶贫方式以及扶贫路径。特别是党的"十八大"以来，我国各级政府自上而下进一步明确了扶贫工作在全面建成小康社会中的地位和作用，进一步丰富了扶贫的工作理念，创新了扶贫思维以及提升了扶贫战略[21-23]，从不同层面(党建扶贫[24-26]、社会扶贫[27-29]、内源扶贫[30-33])、不同领域(生态扶贫[34-37]、教育扶贫[38-40]、产业扶贫[41-44])、不同方式(科学扶贫[45-47]、精准脱贫[48-50]、精神扶贫[51-53]、资产收益扶贫[47,54,55])针对不同对象(大学生[56]、小学留守儿童[57]、农村贫困人口[58])、不同区域(西部少数民族地区[59]、西部贫困地区[60]、川西北藏区[61]和河北[62]、广西[63]、江西[64]、江苏[65,66]、云南[67]、四川[68]、黑龙江[69]、海南[70]以及吕梁市[71]、咸阳市[72]、明水县[73]、张北县[74])等提出破解我国贫困地区贫困问题的理念[21,46,75,76]。目前，用于破解贫困问题的扶贫方式主要有：以工赈灾[77]、整村推进[62,78-81]、劳务输出[82]、易地搬迁[83-85]、产业扶贫[86-90]、生态草牧业[91]以及科技扶贫[48,92-94]等[83,95-97]。同时，对于产业扶贫的研究则多集中于旅游、农业、中药材等方面[44,98,99]，而针对林下产业扶贫的研究相对缺乏[100]。

在我国传统林业发展的基础上，林下经济依托森林资源优势，作为一种人工生态经济复合系统，积极构建更为和谐、健康、复杂的森林生态系统，通过在时间、空间、功能三维角度上的科学设置与合理配置，从而有效地提高了林下土地资源的利用效率以及林下生态系统中的能量循环和转化利用效率，极大地增强了我国森林系统对各种自然能源的利用能力和生产能力。就贫困地区而言，通过发展林下经济可以有效地助推其脱贫致富目标的实现，有效推进经济增长与生态保护之间的协调发展，具有其他产业不可比拟的作用。

因此，本研究以林下产业扶贫为研究对象，选择云南省作为主要研究区域，对于促进云南省林下产业发展、丰富林下产业扶贫理论、完善我国扶贫理论基础以及指导其他地区扶贫实践具有重要的理论意义；同时，本研究在研究已有的林下产业扶贫开发典型案例和文献的基础上，构建用于评价云南省林下产业扶贫的绩效评价体系，通过选择典型贫困地区开展评价工作，明确云南省林下产业发展路径，更好地提升林下产业扶贫效果，从而实现当地经济水平的提升，更好地服务于当地农民解决贫困问题，不仅对实现云南省林下产业转型升级具有重要的现实意义，也对我国全面建成小康社会实现"最后一公里"具有重要的现实意义。

1.3　研究方法

1.3.1　文献研究法

本研究充分利用西南林业大学图书馆相关纸质资料和电子文献（http：// lib. swfu. edu. cn/resources？cid = 15），同时，在中国知网（http：//www. cnki. net/）、万方（http：//www. wanfangdata. com. cn/index. html）以及维普（http：// www. cqvip. com/）等国内大型文献数据库中开展文献资料的检索和获取；同时，利用 ScienceDirect（https：//www. sciencedirect. com/）、Springer（https：// link. springer. com/）等国外文献数据库，全面、准确地了解国内外学者关于"林下产业"、"扶贫"等研究领域的研究进展和理论成果，并结合已掌握的有关资料，思考研究云南省林下产业扶贫基础以及效果。

充分利用网络资源，获取有关我国及云南省林下经济发展、林下产业状况等方面的资料，主要参考网站包括百度（http：//www. baidu. com/）、新华网（ht-tp：//www. news. cn/）、中华人民共和国中央人民政府网站（http：//www. gov. cn/）、中华人民共和国商务部网站（http：//www. mofcom. gov. cn/）、云南省林业和草原局网站(http：//www. ynly. gov. cn/)、云南省商务厅网站(http：//www. bofcom. gov. cn/)、云南省人民政府网站(http：//www. yn. gov. cn/)、国家统计局网站(http：//www. stats. gov. cn/)、云南网(http：//www. yunnan. cn/)、中国产业信息网(http：//www. chyxx. com/)。同时，也参考了国务院扶贫开发领导小组办公室官网(http：//www. cpad. gov. cn/)、中国社会扶贫网(http：//www. zgshfp. com. cn/? p = 1)、中国扶贫在线(http：//f. china. com. cn/)、中国扶贫网(http：//www. cnfpzz. com/)、昆明市人民政府扶贫开发办公室官网(http：//fpb. km. gov. cn/)、怒江傈僳族自治州(下文简称怒江州)人民政府门户网站(http：//www. nj. yn. gov. cn/nj/72339069014638592/index. html)、泸水市人民政府网站(http：//www. luzhou. gov. cn/)等。

1.3.2　案例分析法

案例分析法又称个案研究法(Case Analysis Method)，由哈佛大学于1880年开发完成，后被哈佛商学院用于培养高级经理人和管理精英的教育实践，逐渐发展为今天的"案例分析法"[101]。该方法设计最初只是被作为一种教育技法，用于高级经理人及商业政策的相关教育实践中，后来则被许多公司借鉴，成为用于培养得力员工的一种重要方法。通过使用这种方法对员工进行培训，可以明显地增加员工对公司各项业务的了解，培养员工间良好的人际关系，提高员工解决问题的能力，增强公司的凝聚力。本研究借鉴上述方法，利用对典型案例开展实际调研、深入分析，有助于得出事物发展的一般性、普遍性的规律和方法，有助于为其他地区更加深入地开展学习、借鉴成功经验以实现其快速发展提供重要的理论支撑。

1.3.3　参与式农村评估法

所谓"参与式农村快速评估(Participatory Rural Appraisal，简称PRA)"，是在外来者(学者、志愿者或官员)的协助下，使当地人应用他们的知识，分析与他们生产生活有关的环境和条件，制定今后的计划并采取相应的行动，最终使当地人从中受益的一种理论、方法与实践活动[102]。

该方法是20世纪80年代以来，为适应国际组织和发达国家政府援助发展中国家农村发展项目，官员们急需了解项目区情况而兴起的一种调查方法。它吸取了经济学、社会学、人类学、测量绘图学、数学等学科领域的方法，例如关键信息人访谈、村民会议、问题矩阵分析、分类分析、观察绘图等，逐渐形成了一套相对规范的调查方法。实践证明，PRA对于外来者来说，确实能够较快地获得项目区的第一手资料，以满足援助项目之急需。但是，由于PRA方法中，当地村民没有或极少参与，处于被动接受调查的地位，因而在许多时候，他们向外来者提供的信息并不准确、完整，特别是有不少项目区村民对外来者实施的发展项目不感兴趣，更不积极参与，使许多国际援助的发展项目都以失败告终。

PRA 形成了四个理论前提：一是农民特别是穷人与城里人一样，也是聪明、勤劳的，他们之所以处于落后、贫困的状态，主要是因为社会没有给予他们与城里人一样的发展机会；二是广泛的参与是发展项目所制定的计划能够产生效益、并使当地村民公平受益的保证；三是当地村民的乡土知识和稳定持续的经济、政治及生态系统，是改善经济和环境的基础；四是通过社区自我管理途径和活动，可以实现真正可持续的自我发展。根据以上的理论前提，PRA 常用工具主要有：关键信息人访谈、半结构访谈、社区村民会议、参与式制图、村社历史图系（大事记）、季节历、问题矩阵排序、性别分析等。

本研究以对典型案例地区中的农户开展实地调研为主，综合运用了问卷调查、半结构式访谈、打分排序等调研工具，从而获得更加真实、有效的内容，为进一步提升林下产业扶贫效果提供重要的参考。

1.3.4　层次分析法

层次分析法（Analytic Hierarchy Process，简称 AHP）是 20 世纪 70 年代末由美国运筹学家萨蒂（Saaty）提出的一种决策分析方法[18]。该方法的具体操作为：将决策问题按总目标、各层子目标、评价准则直至具体的备择的顺序分解为不同的层次结构，然后用求解矩阵特征向量的办法，求得每一层次的各元素对上一层次某元素的优先权重，最后再用加权和的方法递阶归并出各备择方案对总目标的最终权重，此最终权重最大者即为最优方案。这里所谓"优先权重"是一种相对的量度，它表明各备择方案在某一特点的评价准则或子目标，标下优越程度的相对量度，以及各子目标对上一层目标而言重要程度的相对量度。层次分析法比较适合具有分层交错评价指标的目标系统，而且目标值又难于定量描述的决策问题。其用法是构造判断矩阵，求出其最大特征值及其所对应的特征向量 W，归一化后，即为某一层次指标对于上一层次某相关指标的相对重要性权值。

利用层次分析法的分析软件 yaahp V 10.3 进行数据处理，将所调查的数据进行汇总，其主要步骤如下：

（1）首先，将"云南省林下产业扶贫效果评价及路径选择"作为层次结构模型的决策目标层，将相应的评价体系中的一级评价指标（经济效益、生态效益、社会效益、可持续发展）作为中间层要素，将二级评价指标作为备择方案全部列出。将上述层次安排好后，添加合适的逻辑连接线，并进行模型构建的正确性判断，从而完成云南省林下产业扶贫效果评价体系的层次结构模型。

（2）其次，构造判断矩阵，进行判断矩阵的输入，将标度方法设定为 1～9（表1-2），将调查问卷中对准则层、因素层进行两两比较所获得的数据通过鼠标调整两因素相对重要程度进行输入，并得出矩阵是否具有一致性的结论。

（3）根据步骤（2）的描述，进一步求出下一级别的因素权重系数，同时进行一致性检验。

（4）最终获得各个因素的权重系数。

表1-2　两因素相对重要程度的定义和解释

相对重要程度 a_{ij}	定义	说明
1	同等重要	表示两因素相比，因素 i 和 j 同样重要
3	略为重要	表示两因素相比，因素 i 比 j 略微重要
5	相当重要	表示两因素相比，因素 i 比 j 重要
7	明显重要	表示两因素相比，因素 i 比 j 明显重要
9	绝对重要	表示两因素相比，因素 i 比 j 绝对重要
2、4、6、8	介于两相邻重要程度之间	—

1.4　选点依据

1.4.1　怒江州——林下经济发展模式多样化

怒江州位于云南省西北部，怒江中游，因怒江由北向南纵贯全境而得名。该州西邻缅甸，有长达449.5km的国界线。该州北接西藏自治区，东北临迪庆藏族自治州，东靠丽江市，西南连大理白族自治州，南接保山市。该州辖泸水市、福贡县、贡山独龙族怒族自治县、兰坪白族普米族自治县，政府驻泸水市六库镇。由《怒江傈僳族自治州生物产业发展规划（2016－2020年）》资料可见，该州特色生物资源丰富，多样性特征突出，生态环境良好，具有发展生物产业的较好条件和巨大潜力，是云南省生物产业发展的重要基地和极具后发优势的州（市）之一。

2016年，怒江州农民人均拥有集体林地面积 1.2hm²，人均森林面积 2.1hm²，活立木蓄积量 307.69m³，分别是全省人均水平的 5 倍和 8 倍。因此，其林下经济发展的空间非常广阔，同时，当地还具有立体气候和生物多样性丰富的优势。随着该州集体林权制度改革的不断实施，明晰的林地产权让更多的企业和林农有了经营林业的空间，社会参与和广大农民经营山林的积极性空前高涨，为林下经济的发展和绿色产品的营销带来了活力，林下经济已成为农民增收致富的重要途径。自党的十八大以来，怒江州政府从调整农村产业的经济发展结构入手，不断促进当地林农的增收致富，同时，充分利用当地的森林资源和林地空间资源，大力发展以林下种植、林下养殖、林下采集加工、森林生态旅游等形式为主的林下经济。2016 年，全州林业产业总产值 13.56 亿元，农村居民人均可支配林业收入 2187.53 元，占农民人均纯收入 5299 元的 41%。自2006 年以来，该州已经建成的林果基地面积高达 6.45 万 hm²，产值达 2.9 亿元。同时，积极推进生态修复、林下经济得到了长足发展，不仅使当地荒山得到了有效绿化，也极大地推进了当地经济发展。目前，怒江州林下经济发展模式主要表现为林下种植、林下养殖以及林下采集加工等方面，呈现出丰富多样的形式。

（1）林下种植模式。中药材产业是该州有条件重点发展的特色产业之一。2009 年，兰坪白族普米族自治县被认定为全省首批 20 个"云药之乡"之一。全州主要以林下种植草果、云黄连、党参、木香、秦艽、重楼等中药材为主。2016 年，全州林下中药材种植面积为 58866.67hm²，其中：草果 4346.67hm²、云黄连 7653.67hm²、秦艽 3773.33hm²、重楼 2400hm²、木香 2046.67hm²。草果产量为 0.82 万 t、产值为 1.44 亿元。同时，怒江州积极利用巩固退耕还林成果专项规划中央专项资金，累计发展林下草果、秦艽、续断等药材种植达9573.33hm²。同时，贡山县普拉底乡草果种植面积已达 5333.33hm²，挂果面积达 4000hm²，进入盛果期的达 3333.33hm²，人均种植草果面积达 0.67hm² 以上，现已形成"农户 + 合作社 + 协会"的销售模式，草果不仅在国内销售还出口远销韩国等地；草果产量 2555t，产值 3320 万元，仅草果一项年人均增收近1169 元。

（2）林下养殖模式。该州大力发展林下养殖模式，充分利用林下广阔空间发展养殖业已成为提高当地农民经济收入的重要途径之一，主要以林下空间圈养放养家禽、家畜以及中蜂养殖的方式为主。在特色畜禽养殖方面，目前，独龙牛、独龙鸡、兰坪乌骨绵羊、绒毛鸡和高黎贡山猪已被列入《国家级畜禽遗传资源保护名录》。同时，该州始终坚持"保护与开发利用并重"的原则，以保特色、产优质、创品牌为主攻方向，促进产业化发展。2020 年，全州畜禽存栏拟达到 400 万头（只、羽、箱），其中商品畜存栏 130 万头（只、羽、箱），建设独龙牛（被评为云南"六大名牛"之首）、高黎贡山猪、乌骨绵羊、绒毛鸡、独龙鸡畜禽遗传资源保种场各一个，良种繁育场 30 个。巩固发展万头以上的规模化生猪养殖场两个以上，良种猪存栏 60 万头，其中，高黎贡山猪存栏 20 万头；肉牛存栏 20 万头，其中，独龙牛存栏 1 万头；肉羊存栏 50 万只，其中，兰坪乌骨绵羊存栏 4 万只；家禽基地化养殖 270 万羽左右，其中，独龙鸡存栏 3 万羽、兰坪绒毛鸡存栏 15 万羽；中蜂养殖 4 万箱。

（3）林下采集加工模式。2016 年，以野生食用菌为主的菌类总产量达 689.9t、产值达 2326 万元，以蕨菜、竹叶菜等为主的森林蔬菜产量达 2717.2t、产值达 19202 万元。同时，该州大力发展漆籽、五味子、草果等林下产品的加工销售，不断扩展林下经济的产业链以及提高林下产品的经济效益。如，兰坪县的五味子种植基地规模达 166.67hm^2，加工五味子酒产值达 907 万元，实现销售收入达 762 万元；怒丰生物科技公司生产食用菌 16.67hm^2，产量达到 400t，产值达到 2988 万元。

此外，怒江州积极推进林下经济产业链的延伸，加大了对核桃、漆树、青刺果等为主的特色高端木本油料新产品的开发，以及对怒江木蜡、漆籽深加工产品的研发；同时，积极推进草果、云木香、重楼、石斛等中药材产业化开发，更好地利用了当地优势特色林业资源，更好地促进了林下产业的发展。积极推进高黎贡山猪、独龙牛、黑山羊、山地鸡、中蜂为主的特色畜禽养殖的规模化、规范化水平，加大对于后续产品的研发力度，以"老窝火腿"为代表的特色畜禽制品已具有一定的知名度和市场占有率；就林下采集而言，已经形成了以灵芝、香菇为主的菌类人工栽培与加工技术，并对松茸、羊肚菌等珍稀菌类的仿野生栽培技术开展研发；以楤木、竹叶菜、蕨菜、辣木、香椿等为主的野生及木本生态蔬菜种植得以不断扩大规模，并对上述蔬菜开展保鲜、脱水、速冻、腌制、罐头等产品深加工。值得关注的是，近些年，怒江州积极打造林下旅游，积极稳妥地推进以森林为主要依托的休闲林业旅游产业，逐步形成了以姚家坪、片马等为重点的森林生态旅游精品景区，为深入推进林下产业助力当地脱贫攻坚提供了重要的前期基础。

1.4.2 泸水市——林业产业发展成效突出

在行政区划方面，泸水市属于怒江州，是州府所在地，是"边疆、民族、贫困、山区、宗教、直过"最集中的典型代表。该市地处怒江大峡谷南端，立体气候特征非常明显。一般而言，从怒江谷底到山顶可分为八类气候带，主要包括南亚热带、中亚热带、北亚热带、暖温带、温带、寒温带、亚寒带、寒带等。该地年平均气温为 15.1℃，积温为 4760℃，无霜期 240d，日照时数 2025h，年平均降雨量 1174mm，丰富的光、热、降水和气候的多样性为全市的生物多样性和林下产业的快速发展提供了重要的资源保障。同时，泸水市地表山峰林立，沟壑纵横，地势崎岖，以及"山高谷深、平地少"，特殊的地理环境，多样的气候类型，构成境内极为丰富的自然资源，被生物学家誉为"植物王国"、"哺乳动物祖先分化的发源地"、"世界雉鹛类的乐园"。

同时，2016年，该市森林覆盖率为74.03%，林业用地面积为398万 hm^2，约占该市国土总面积的83%，林业用地广袤。全市拥有的12666.67hm^2 耕地中，坡度大于25°的面积达9333.33hm^2 的坡耕地(约占全部耕地的74%)将全面实施退耕还林工程，将为全市"八林经济"(包括林果、林木、林药、林菜、林畜、林菌、林苗、林旅)发展提供更为丰富的林地空间；全市草山、草场面积为75333.33hm^2，具有发展山地牧业的良好条件。

此外，"十三五"以来，泸水市积极利用云南省第一批高原特色农业示范县(市)建设和退耕还林工程、"两江"流域生态修复和绿色经济发展行动计划等国家和省、州重大林业生态工程实施等政策，大力发展特色林业产业，"八林经济"格局已经形成并初具规模(表1-3)。截至2015年底，全市发展以核桃、漆树、油茶等为主的经济林果达5.97万 hm^2；以红豆杉、华山松等为主的经济林木达680hm^2；以草果、云木香为主的林下药材5693.33hm^2；以榄木、魔芋、辣木为主的林菜达500hm^2；以良种猪(高黎贡山猪)、优质肉牛(独龙牛)、黑山羊(乌骨绵羊)、山地鸡(绒毛鸡、独龙鸡)、中蜂为主的林畜达103万头(只、羽、箱)；以香菇、灵芝为主的林菌达45.33hm^2；以珙桐、凤凰木、三角梅为主的观赏绿化苗木达21.33hm^2；以森林人家为主的乡村森林生态旅游达9家。以上述产业为代表的林业经济产值不断提高，2015年底实现产业总产值达2.5亿元，是2010年的3.3倍。

表1-3 2015年底泸水市"八林经济"发展情况

序号	经济形态	现有数量	单位
1	林果	59735.73	hm^2
2	林木	679.27	hm^2
3	林药	5690.80	hm^2
4	林菜	501.13	hm^2
5	林菌	45.33	hm^2
6	林苗	21.33	hm^2
7	林旅	9	家
8	林畜	1038037	头、只、羽、箱

泸水市通过林下特色产业引导，更好地发挥了地方林业优势，形成了以市场为导向、以林业相关工程为依托，通过林业科技支撑，促进经济增长的良好局面；同时，出现了一批林下经济发展相关的龙头企业，逐步形成了"龙头企业+基地+农户"的发展局面，有力地促进了该地林下产业的发展。2016年，完成林下种植面积高达1.3514万 hm^2，其中草果0.82万 hm^2，云木香0.27万 hm^2，还有石斛、重楼、党参等中药材。林下养殖利用面积达9131hm^2，主要有独龙牛、

黄牛、黑山羊、土鸡、蜜蜂等；林下采集加工利用面积达 $8130hm^2$，采集品种主要有竹笋、野菜、野生菌等。上述林下经济特色产业较好地改善了当地农民的收入增长模式，林下产业收入占农村经济收入的比重进一步增加，林下经济收入人均达 1498 元/年，占人均年总收入的 30%，因此，泸水市林下经济产业在推进当地农户脱贫致富方面发挥的作用日益显现。

1.5 技术路线

以前期所开展的"云南省林下经济发展路径"为研究基础，在深入检索、阅读国内外文献、资料的基础上，结合当前研究热点"扶贫攻坚"，推断出林下经济发展有助于当地林农提高经济收入和改变落后贫困面貌的结论。然而，林下产业对于扶贫的效果如何？如何实现客观准确评价扶贫效果以及选择最终的路径？学术界尚不明确。因此，本研究以"云南省林下产业扶贫绩效评价及路径选择研究"为目标，首先，通过梳理前人关于"林下产业"、"扶贫攻坚"等方面的研究理论和实践经验，明确云南省精准扶贫的现状，同时，对林下产业扶贫所具有的优势和潜力开展研究，明确林下产业与扶贫之间的关系；其次，深入怒江州泸水市开展实地调研，采用问卷调查以及座谈的方式对三河村开展林下经济的发展与扶贫效果方面的调研，从实证角度明确林下产业与扶贫之间的关系；再次，利用层次分析法，采用专家打分的方式从扶贫效果、扶贫可持续性、扶贫满意度三个维度全方位构建用于云南省林下产业助推扶贫的绩效评价标准；同时，利用上述体系对三河村开展扶贫效果评价，明确上述地区在林下产业扶贫过程中尚存的问题，从而从转变林农思想、提高资金利用率以及打造高质量扶贫示范区等角度出发，提出云南省林下产业促进扶贫绩效提升的对策与建议(图 1-1)。

本研究总共涉及 8 章内容，各章具体如下：

第 1 章，绪论。主要阐述研究的背景、目的、意义以及研究方法、选点依据、技术路线等内容。

第 2 章，理论研究基础与国内外研究进展。主要阐述本研究中所涉及的核心概念、理论基础，并对国内外学者关于"林下产业扶贫"、"扶贫绩效评价"等方面的观点进行总结。

第 3 章，云南省扶贫开发历程及扶贫工作现状。主要阐述云南省的扶贫开发过程以及扶贫工作现状，并对扶贫中遇到的问题的产生原因进行深入解析。

第 4 章，云南省林下产业扶贫的优势及潜力分析。主要对云南省林下产业在扶贫过程中所具有的优势、潜力进行深入分析，以期对后续开展实证研究打下坚实的基础。

第 5 章，云南省林下产业扶贫典型案例分析。主要对怒江州泸水市三河村

提出
问题

国内外学者关于林下产业、扶贫绩效评价以及
产业促进扶贫效果的相关文献整理、汇总

结合历年统计年鉴，获取
云南省林下经济发展数据

云南省林业和草原局、
产业协会、产业促进会
等相关部门调研

实地
调研

案例村林业主管部门、
企业、合作社以及种植
农户调查

云南省林下产业扶贫历
程及原因分析

分析
问题

云南省林下产业扶贫现状及存在问题分析，以及林
下产业扶贫所具有的优势和潜力分析

研究重点

层次分析法

专家打分分析法

云南省林下产业扶贫效果评价体系

对怒江州泸水市以及案例村
开展问卷调查与走访

三河村林下产业扶贫绩效的实证分析

解决
问题

实现对云南省林下产业扶贫绩效的评价，以期对其
他地区林下产业扶贫绩效评价提供理论指导

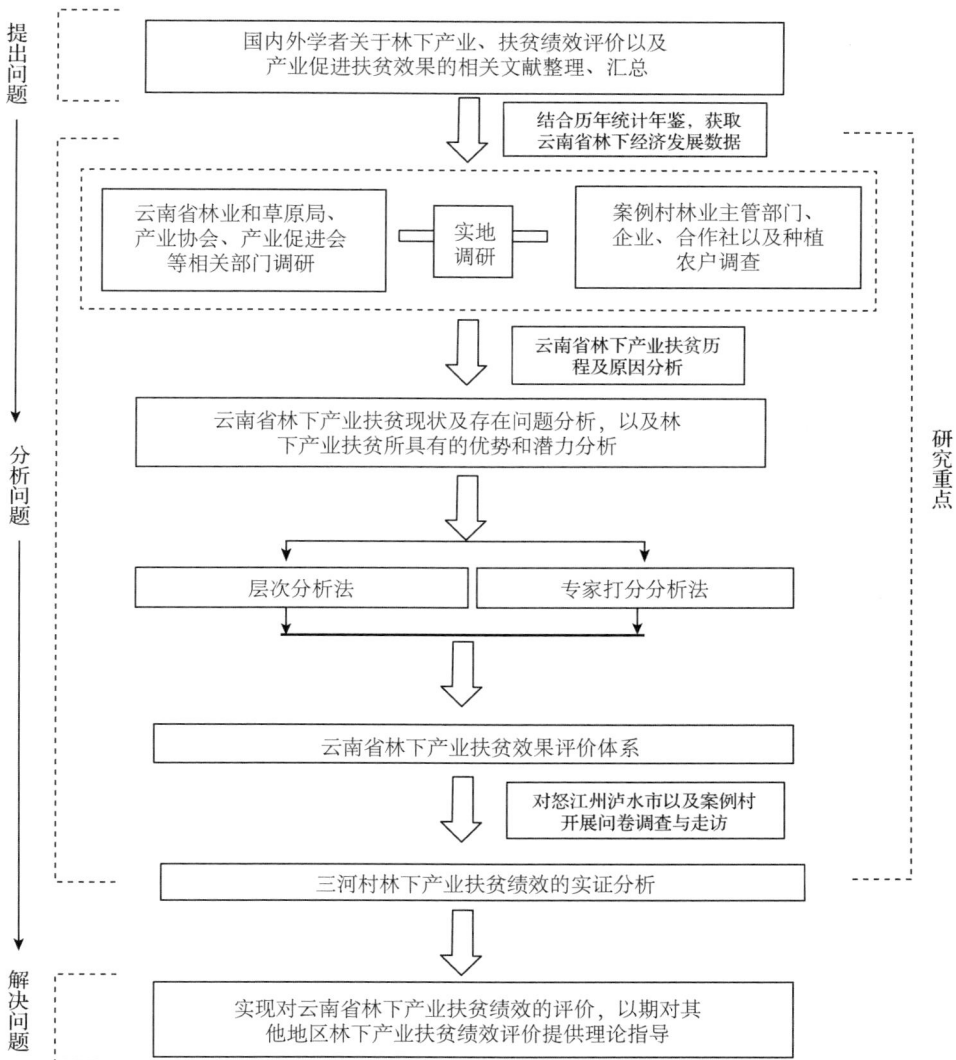

图 1-1　研究路线

的林下产业扶贫效果开展分析，明确取得的效果以及存在的问题。

第 6 章，基于层次分析法的云南省林下产业扶贫绩效评价体系构建。主要从扶贫效果、扶贫可持续性、扶贫满意度三个维度构建评价体系。

第 7 章，案例村林下产业扶贫的绩效评价实证研究。利用上述评价指标体系对三河村开展林下产业扶贫绩效进行评价，明确其发展水平。

第 8 章，结束语。主要对全文进行总结，以及指出云南省林下产业促进扶贫绩效提升的对策与建议。

2

理论研究基础与国内外研究进展

2.1 概念界定

2.1.1 贫困与贫困标准

就贫困而言，全球各个国家和地区都存在着不同程度的贫困现象，不存在绝对的贫困现象，只存在相对的贫困问题。贫困问题作为一种社会生活中的经济现象，仅相对于富足而言，贫困具有人为划定的标准特征，即贫困线。诸多学者对于贫困给出了不同的定义及其衡量标准，具有不同的观点。

邓维杰引用世界银行关于贫困的定义：贫困是指当某些人或家庭缺乏或者没有足够的资源去获得他们所处社会所公认的绝大部分人都拥有的饮食、生活条件以及参加社会活动的机会[103]。同时，诺贝尔经济学奖获得者阿马蒂亚·森（Amartya Sen）则认为："贫困问题的产生不单单是由于人们的低收入造成的，在很大程度上贫困问题的产生是由于人们基本能力缺失造成。"此外，我国国家统计局对贫困进行了如下界定："贫困一般是指物质生活困难，即一个人或一个家庭的生活水平达不到一种社会可接受的最低标准，从而使其缺乏某些必要的生活资料和服务，生活处于困难境地[104]。"

从上述不同学者对于贫困的概念认知来看，某个人或者某个家庭的贫困是相对于其他人或者其他家庭而言，是一个相对的概念，这就需要充分考虑各个国家和地区的发展水平以及收入情况、购买力情况，从而更好地明确贫困的现状及实现扶贫的效果。世界银行在充分考虑全球各个国家（或地区）的平均收入和发展水平的基础上，保持现行的每天生活费1.90美元的国际极端贫困线标准不变，同时增加了两个新的贫困线标准：将中低收入国家（或地区）的贫困线标准定为每天3.2美元；将高收入发展中国家（或地区）的贫困线标准定为每天

5.5 美元。目前，我国贫困线以 2011 年的 2300 元人民币不变价为基准，2015 年调整为 2800 元人民币，2016 年调整为 3000 元人民币。

2.1.2　林下经济与林下产业

前期研究已经明确，林下经济是依托林地资源及其生态环境，对野生动植物、食用菌等进行采集利用，以及在林下开展林、农、牧、菌等种植、养殖项目复合生产经营的循环经济[12,105]。2008 年，我国在实施集体林权制度改革以后，农户拥有了林地的自主经营权，林下产业作为一种新型的农业生产模式应运而生。目前，国内许多地方开始探索林下产业的发展模式与成功经验[106]，不同学者对"林下产业"的理解也不尽相同[107-109]。结合前期研究成果，本研究认为：林下产业是指依托林地资源及其生态环境，在林下生态环境和林地优势的基础上，以经济效益、社会效益、生态效益为发展目标，以林下种植、林下养殖、林下产品加工以及森林旅游等林下经济为主的农林复合式经营模式[3,19]。

一般而言，林下产业在产业互补、生态优势和应用优势等方面表现出丰富的内涵。林业较其他产业的培育及抚育成本高，经营周期相对较长，林下种植或林下养殖的短期成效可以起到以短（农业）养长（林业）、以林护农的作用，从而达到取长补短、提质增效以及改善环境等多种目的。同时，林下经济还可以实现经济系统循环和生态系统循环的双重功效，主要表现为以下两个方面：一方面，是从林地和林荫条件下获取相关资源和发展空间，经过生产、消费以及回收再利用，完成在价值驱动下的经济系统的循环；另一方面，森林生态系统可以吸收二氧化碳，降解经济系统中产生的废弃物，发挥生态效益，达到生态系统中的循环。此外，林下产品具有无污染、无公害、绿色健康等优点，具有较强的市场竞争力，产品市场前景好，可以为林区和林农带来显著的经济效益[19]。

2.1.3　产业扶贫

扶贫是指按照一定的标准，以国家或地区划定的贫困人口为对象，以人力、物力、财力等为手段，通过发展生产、改善环境、开发经济等方式，实现贫困地区和贫困人口脱贫致富的一种社会工作[110]。就我国的扶贫工作而言，一般认为扶贫工作经历了三个阶段，一是以政府发放救济款为主的多种形式生产自救阶段；二是依靠国家、集体力量和群众互助的个案例的扶贫阶段；三是以经济开发为主的社区型扶贫阶段。就扶贫方式而言，可以分为救济式扶贫和开发式扶贫两种形式[111]。

产业扶贫是一种典型的开发式扶贫方式，是以促进贫困地区经济发展、改善贫困人口生存环境为目标，以市场为导向，以产业发展为中心的扶贫开发过程，是扶贫开发的战略重点和主要任务[112]。同时，产业扶贫是一种内生发展机制，它能有效激活贫困户的自身发展动力，阻断贫困发生的动因。产业扶贫的内容大致可以分为三个层面：在县级层面，培育主导产业，发展县域经济，增加资本积累能力；在村级层面，增加公共投资，改善基础设施，培育产业环境；在贫困户层面，提供就业岗位，提升人力资本，积极参与产业价值链的各个环节[113]。

2.2　理论研究基础

2.2.1　"低水平均衡陷阱"理论

"低水平均衡陷阱"理论（Low Level Equilibrium Trap）最早是于 1956 年，由美国经济学家纳尔逊（Nelson）在《不发达国家的一种低水平均衡陷阱》中[114]，在考察了发展中国家人均资本与人均收入，人口增长与产出增长、人均收入增长的关系之后，提出的一个经济学理论。该理论认为阻碍发展中国家人均收入明显提高的"陷阱"是过快的人口增长，想要冲出这个陷阱，就必须进行大规模投资，尽可能地让产出和投入超过人口的增长，实现经济的快速增长，同时，大幅度提高人均收入[115-117]。

对于该理论，诸多学者从不同方面开展了实践研究，涉及农村食品质量安全[118]、养老服务业[119]、社会信用体系建设[120]等方面。然而，尚未见利用该理论开展扶贫实践相关方面的报道。一般认为，贫困地区农业生产率以及资源利用率低是造成"低水平均衡陷阱"的主要原因。要想完全破解贫困地区的"低水平均衡陷阱"，就要发展高效农业，提高农业资源的可持续化，并且要加大农业投资力度，保障贫困户的人均收入[121]。林下产业作为一种新型的高效农林复合经营模式，能够确保资源的有效利用，成为增加贫困户人均收入的重点产业，只要政府加大对林下产业扶贫的投资，贫困地区很有可能较好地走出"陷阱"，实现脱贫致富。

2.2.2　资源禀赋理论

资源禀赋理论又称要素禀赋理论或 H-O 理论。生产要素是指一个国家或地区拥有的各种生产要素的数量，包括劳动力、资本、土地、技术、管理等各方面要素。两个国家或地区的生产要素进行比较时，如果一个国家或地区的某种生产要素供给数量大于另外一个国家或地区，但是价格却相对较低，则可以说这个国家或地区的这种生产要素相对丰富；反之，生产要素供给数量少，价格高，则说明这种生产要素是相对稀缺的。正是资源的相对稀缺才使得某个国家或地区的优势资源可以得到充分的发展，从而实现产业扶贫的目标[122]。

国内学者应用该理论对欠发达地区经济发展[123]以及海外铁矿资源开发[124]等方面开展了研究。然而，尚未有关于运用该理论开展扶贫工作研究的报道[125]，尽管如此，本研究充分考虑资源配置中的各种要素，将其与扶贫工作进行充分结合，解析森林资源对经济发展的作用。怒江州的贫困地区多集中于山区，森林资源以及生物多样性丰富，林业发展优势明显，但这些地区一般交通不便，贫困户的素质普遍偏低，可发展的工业产业资源有限，农户的就业机会不足。通过利用当地的林业优势资源，可以有效提高贫困人口的经济收入，降低扶贫成本，增加贫困户的就业机会，推进贫困地区的基础设施建设。此外，发展林下产业还可以起到改善生态环境的作用，实现经济效益、社会效益和生态效益的共同进步。

2.2.3　比较优势理论

英国古典经济学家亚当·斯密（Adam Smith）在《国富论》中首次提出比较优势理论，他认为每个国家或地区都有适合某种产品生产且占据绝对优势的资源条件，如果在生产加工中能够充分利用这种资源条件生产优势产品，然后与其他国家或地区进行双方优势产品的贸易，可能会出现对双方都有利的情况[126]。英国经济学家大卫·李嘉图（David Ricardo）对其理论进行了完善和充实，在其代表作《政治经济学及赋税原理》中提出"比较成本贸易理论"，认为在任何两个国家或地区之间，劳动生产率的差距在产品中并不是完全相同的，生产技术的差别是造成国际贸易的基础条件。每个国家应从节省劳动力、提高生产率出发，集中生产并出口具有"比较优势"的产品，进口具有"比较劣势"的产品。比较优势理论在国际贸易中发挥着重要的作用，而在中国的发达城市与落后城市、富裕地区与贫困地区同样适用[115]。

国内学者运用该理论对优势产业选择[126]、油茶产业发展[127]、民办高校竞争优势[128]等开展了研究。将该理论应用于扶贫研究的报道较少，但关于该理论应用于产业发展方面的报道较多。因此，本研究采用该理论开展林下产业优势分析，有助于更好地解析林下产业与扶贫之间的关系。怒江州属于我国深度贫困的地区，发展相对比较落后。根据比较优势理论，当地政府以及相关企业应根据自身发展优势和资源条件，在扶贫开发时充分利用具有比较优势的产业，对其进行开发利用，将资源优势转化为扶贫优势、经济优势，实现扶贫绩效最大化，推动贫困地区经济快速发展，更好地促进贫困地区的脱贫致富。

2.2.4　可持续发展理论

1987年，世界环境与发展委员会（World Commission on Environment and Development，简称 WCED）在《我们共同的未来》中首次提出："可持续发展是既满足当代人的需要，又不损害后代人满足其需要发展的能力。"我国于1999年在《中国可持续发展战略报告》中首次提及可持续发展概念。可持续发展理论以公平性、持续性、共同性为基本原则，最终目的是达到共同、协调、公平、高效、多维的发展[129]。

诸多学者对该理论的发展、演变以及主要流派开展了研究[130,131]，并运用该理论开展了交通运输结构[132]、绿色农药[133]等方面的实践研究。扶贫的目标不仅仅是帮助当前贫困户脱贫致富，更重要的是将扶贫效果持续下去，同时实现经济、社会以及生态的可持续发展。林下产业属于绿色生态经济产业，在帮助贫困户增加收入的同时，还能起到保护环境的作用。此外，林下产业扶贫属于产业扶贫的一种方式，通过发展林下产业，能够激发贫困户的主观能动性，提高贫困户的发展能力。

2.3　国内外研究进展

2.3.1　扶贫开发研究进展

国外有关扶贫开发的研究主要集中在贫困原因、扶贫模式、扶贫经验等方面。英国经济学家马尔萨斯（Thomas Robert Malthus）是世界上对贫困人口问题开展系统化研究的早期学者，他在《人口原理》著作中阐明"人口的不断增长会导致劳动生产率降低，以及生态环境退化、社会总储蓄减少，不利于经济的增长"，根据上述内容，他做出了"贫困是不可避免的"这一论断[134,135]。在20世纪50年代，大多数经济学家对致贫原因和解决贫困的措施进行了探讨，认为资源的相对欠缺是阻碍经济社会发展的最主要原因，要想消除贫困，就必须要提高资源的利用率和投资的高效率[136]，走出"贫困恶性循环"和"低水平均衡陷阱"这一致贫怪圈[137]。美国经济学家阿玛蒂亚·森（Amartya Sen）认为，产生人口贫困的关键因素是其能力的缺失，即贫困是对人的基本可行能力的剥夺，而不仅仅是收入水平的低下[138]。这种观点为不发达国家反贫困活动提供了新的研究视角[139]。每个国家和地区的经济水平、文化条件、发展基础以及资源禀赋不同，客观上要求不同国家和地区必然采取不同的扶贫模式。

通过对于前人关于扶贫开发模式的研究文献的总结，明确主要模式包含国家投资以工代赈模式、福利国家模式、政府主导公众参与扶贫模式、"GB"信贷扶贫模式、均衡发展消除贫困模式以及区域发展模式等六大模式[134]，其中以工代赈模式、福利国家模式的提出并不是针对扶贫开展的，而是为了通过一系列国家政策有效刺激经济的发展，从而提高人们的生活水平；其他四种则与扶贫关系非常密切，成为当前各国在开展扶贫开发工作中的重要应用模式。

（1）国家投资以工代赈模式：该模式是美国总统罗斯福（Franklin D. Roosevelt）在其主政期间，为了更好地应对1933～1939年的经济危机采取的措施。美国政府主导通过以工代赈资金来支持实施工程，在改善人口就业、缓解失业人口压力的同时，也在全美范围内改善生态环境，进行公共服务设施建设和基础设施建设，并通过完善立法来巩固新政成果。尽管该模式的产生是为了应对经济危机，但其在发展经济方面具有重要作用。目前对于该扶贫模式的研究主要为效益评价[140]、法律层面的解析[77]等。

（2）福利国家模式：该模式的提出主要是基于国家政府主导，通过财政政策和法律法规等一系列国家强制手段，在失业保险、养老金计划、医疗卫生等方面确保全体社会成员都平等享有福利[141]。该模式并不是基于扶贫而产生的，目前对于该模式的研究主要集中在北欧国家[142]、西方社会[143]等。

（3）政府主导公众参与扶贫模式：该模式的提出是基于韩国的新村运动在开展"工业反哺农业"、加快农业发展、缩小贫富差距的重要经验总结，是反贫困实践中的有益尝试，通过这一运动，实现了人口、就业、收入分配、社会保障、生态环境各方面的全面协调发展[144]。

（4）"GB"信贷扶贫模式：该模式的提出是基于格莱珉银行（Grameen Bank）开展的小额信贷工作[145]，是一种向贫困人口提供小额信贷支持服务，同时开发贫困人口能力的扶贫模式。由于小额信贷最早诞生在孟加拉国，该模式也称为孟加拉乡村银行信贷扶贫模式，当前这一扶贫模式已经很好地提升了各国家或地区扶贫工作的效果[146-148]。

（5）均衡发展消除贫困模式：该模式的提出最早见于马来西亚的新经济形式[144]，此模式主要是通过政府的积极干预，特别是在贫困地区积极推进相关政策、资金等方面的措施，从而实现经济社会均衡发展，实现地区与地区之间在发展过程中趋于平衡，最终实现消除贫困。目前，对于该发展模式多以"均衡发展理论"作为指导[149]，从而实现贫困地区与发达地区之间的教育、经济等方面的平衡[150-152]。

（6）区域发展减贫模式：该模式针对贫困地区彼此之间的差异性特点，通过对不同的区域制定不同的发展政策以实现经济社会的均衡发展[134]，同时，该模式坚持绿色发展、生态发展以及以人为本的扶贫方针，针对贫困地区所具有的特点，采取不同的扶贫方式，开展包括基础设施、健康医疗、教育文化、体育和职业技能的培训工作，从而有助于从根本上破解贫困产生的问题，有效地提高了贫困家庭成员的文化素质和劳动技能，较好地实现了区域扶贫攻坚目标。近些年，学者采用生物多样性保护与减贫协同方式、古村落保护与减贫协同方式[153,154]，较好地推进了贫困地区当地产业发展、生态保护工作，也较好地实现了贫困地区经济的发展。

此外，玻利维亚的"社会紧急援助资金会"和墨西哥的"社会协作纲领委员会"都在一定程度上缓解了当地贫困，促进了整个国家的经济社会发展[134]。在林业扶贫方面，前人通过分析社区林业在扶贫中的积极和消极影响以及存在的机会和挑战，以4个典型社区林业扶贫开发为例，介绍了社区林业扶贫的重要性及措施[155]。William D. Sunderlin 对柬埔寨、老挝、越南3个国家的社区林业扶贫潜力进行评估，认为在未来这3个国家在政府重视的前提下通过发展社区林业实现脱贫的潜力很大，并且提出了政府应严格控制非法砍伐和林业部门腐败现象的观点；相关部门应努力在林业资源丰富的地方建立社区林业站点；通过改善获得权、土地使用权和利益分享，以及取消对穷人不利的规定，增加农村穷人的森林收入等[156]。Y. O. Adam 等人在查阅文献的基础上，论证了林业分权改革与扶贫之间的关系，否定了林业分权导致贫困这一推断，从林业部门的效率、责任、公平以及可持续性等方面说明林业分权改革为改善贫困人口的生活提供了重要的机制[157]。

近些年，国内众多学者详细地阐述了林业扶贫的重要性及意义，从林下经济精准扶贫的内涵入手，认为发展林业与"五大发展理念"高度契合，并且发展林业有利于各类扶贫资源的整合，适应市场经济发展需求[158]。同时，前期本研究团队从改善贫困区生态环境、促进偏远地区经济发展与安定团结、构建国家生态安全屏障、加快建成小康社会等方面简要概述了林业扶贫的重要意义[159]。由于林业兼有公益性事业的功能，也具有较强的产业功能，森林资源是贫困人口最重要的生产生活资源，因此，发展林业是实现脱贫致富的重要途径[160]。而当前多数贫困地区农耕业不发达，钱腾则认为通过发展林业可以将丰富的森林资源优势转化为经济优势，进而实现可持续发展，避免返贫现象的发生[161]。同时，部分学者认为贫困地区发展林业将会进一步拓宽当地的就业渠道、促进当地农民增收以及优化资源要素配置，从而有助于促进当地绿色增长，加快经济发展等[162]。

就林业扶贫模式而言，国内学者对各地林业扶贫模式的设计进行了较为详细的研究，归纳起来大致可以分为：以生态建设、生态效益补偿、自然保护区建设等为主的林业生态扶贫模式，以林产品加工、木本油料生产、特色经济林果种植、林下产业发展、生态旅游开发等为主的林业产业扶贫模式[163-165]，以天然林资源保护工程、退耕还林(草)工程、长江防护林工程等国家重点生态工程为主的林业工程扶贫模式[166,167],以聘用生态护林员、森林管理员等为主的林业就业扶贫模式[168],以开展林农实用技术培训、提高贫困户科学技术素质、开展科普宣传等为主的林业科技扶贫模式[169,170],以及参与式林业扶贫的新途径[171]。另外,还有"农户林业 + 科技示范机制 + 农民专业协会"的可持续扶贫模式[172]。同时,针对燕山—太行山集中连片特困地区、云南省少数民族贫困县开展林业扶贫策略进行研究[173,174]。

2.3.2　绩效评价研究进展

绩效评价最早出现在企业管理中,现已运用到社会的各个方面,如对政府活动绩效的评价、企业管理绩效的评价、公共项目绩效的评价等。严格意义上的企业绩效评价产生于 20 世纪 30 年代后期,Kesner 首先研究了美国经理人报酬和绩效评价的关系[175]。Peter Drucker 通过实证研究提出了企业绩效评价的 8 项指标,分别是市场地位、革新、生产率、实物和财务资源、获利能力、管理者业绩、员工业绩和态度以及社会责任。20 世纪 80 年代,迈克尔·波特(Michael E. Porter)提出竞争战略、竞争优势是竞争性市场上企业绩效的核心[176,177]。Robert Kaplan 与 Norton 发表了《平衡记分卡:驱动绩效的量度》,基于平衡记分卡的方法,从财务、顾客、内部流程、学习和发展四个角度全面评价了企业绩效[175,178]。政府绩效的评价方面,美国政府于 1993 年通过了有关实行财政支出绩效评估的法律细则,具体规定了绩效评估目的、标准、程序以及操作指标,主要包括经济效益和社会效益两类指标[179]。美国锡拉丘斯大学帕特莉莎·英格拉姆(Patricia W. Ingraham)认为,传统政府绩效评估只重视投入—产出比,忽略了政府活动的管理过程以及管理的能力水平[180],从组织行为学的角度分析了如何通过公共管理过程将资源投入转换成产出的能力,最终提高政府的绩效,并以此认为政府绩效评估应当是对政府管理过程和能力的评估[181]。同时,Tony Saich 通过满意度测评法,研究分析了中国的城市居民和农村居民对政府绩效和公共服务的评价情况,发现两地居民对不同级别政府的态度是有差异的,对中央政府满意度高于地方政府[182]。在项目绩效评价方面,Aubel Judi 较早地提出了参与监督与评估方法,假设项目利益相关者能对评估作出贡献,项目相关者应该积极参与评估过程的各个阶段[183]。Norman Flynn 提出了项目绩效评估应包括经济(economy)、效率(efficient)、公平(equity)以及效能(effectiveness)在内的"4E"原则[184,185]。

国内学者在开展绩效评价方面,主要以"经济、生态以及社会"为主要指标内容,所采用的评价方法也集中在层次分析法[186]。在借鉴由生态效益指标、经济效益指标、社会效益指标组成的现行少数民族地区农村反贫困效益指标的基础上，增加了生态、生活福利等指标，构建了较完整的村域反贫困效果评价体系[187]。李兴江等从经济发展水平、社会发展水平、村民能力建设三方面构建了参与式扶贫绩效评价指标体系，并提出用层次分析法对参与式扶贫的绩效进行评价[188-190]。张海霞等以政府失灵理论、参与式发展理论、可持续发展理论为指导，从项目投入、项目产出、项目后续管理三个方面构建了由 10 个指标构成的参与式扶贫绩效评价体系[191]。庄天慧等从温饱水平、生产生活条件、生态环境和发展能力四个方面构建了西南少数民族地区反贫困综合绩效评价指标体系，并对 10 个国家扶贫重点县进行了实证分析[192]。王宝珍等以"人文贫困"为基础，遵循系统性、科学性、区域性等原则，充分考虑边疆少数民族地区扶贫开发的实际情况，从生产生活、社会发展、生态环境和经济发展四个方面构建了一套合理的评价指体系[193]。陈小丽基于层次分析法，以扶贫的直接效果、经济发展水平、社会发展水平、扶贫投入水平四个方面构建了湖北少数民族地区扶贫绩效评价体系[194]。田翠翠等以高山纳凉村旅游精准扶贫为研究对象，利用层次分析法构建了以贫困户个体、贫困家庭、纳凉村社区三个层面的 25 个测评指标的旅游精准扶贫效应评价指标体系[195]。

2.3.3　扶贫绩效研究进展

Shenggen Fan 等人用印度国家数据建立了联立方程模型，估计了不同类型的政府支出对农村贫困和生产力增长的直接和间接影响，结果表明：为了减少农村贫困，印度政府应该优先增加农村公路、农业研究投资以及教育投资[196]。James L. Price 则对中国的贫困问题进行了研究，提出中国扶贫绩效提升的关键不在于资金投入的增加，而在于扶贫资金使用效率的提高，并提出应从资金的瞄准机制、监管、投向教育等方面来提高资金的使用效率[197,198]。前人对印度尼西亚社区林业项目的扶贫开发策略进行总结，明确现金转移项目、社区自立发展项目有助于提升扶贫效果[199]。为了加强社区林业在扶贫工作中的贡献，提出应当健全体制建设，促进社区林业团体内公平的利益分配，其重点是给最贫穷的森林经营者提供更多好处[198]。

国内学者一般认为林业产业的发展不仅促进了农民增收，实现了脱贫致富，而且加快了产业结构调整的步伐，改善了贫困人口生产生活的基础设施条件，提高了农村人口参与项目建设的意识，有效防止了生态恶化，实现了经济效益、社会效益、生态效益的多重目标[164]。付英等以政策相关性、扶贫效率、扶贫效果和可持续发展能力等为切入点，构建兰州市贫困地区的综合性扶贫绩效评价指标体系，研究结果表明，扶贫绩效与扶贫项目投入呈指数关系，且政策相关性是扶贫绩效良好的重要因素[200]。毕祯基于层次分析法的思想构建了河北省财政扶贫绩效评价指标体系，并定量分析了河北省南部深山区南孤台村和洞阳坡村的财政扶贫绩效[201]。黄梅芳等结合层次分析法、德尔菲法和定量模型法等，建立了少数民族地区旅游扶贫绩效评价的指标体系，综合评价了位于广西壮族自治区的国家贫困县龙胜各族自治县少数民族旅游扶贫绩效，得出该县少数民族旅游扶贫绩效良好[202]。张笑薇以西部地区为例，对不同类型的旅游扶贫开发机制进行了绩效评价，分别指出了3种扶贫模式的优缺点以及适用范围[203]。刘攀等通过对贵州省数据的分析，发现2016年通过林业补偿(补助)，人均获得收益1541元；林业产业建设带动125.96万建档立卡贫困户；林下经济的发展增加了贫困人口收入等[204]。张琳等研究选取渝东北、鄂西北、渝东南、湘西北、黔西北地区的近600户贫困家庭进行问卷调研，建立包括公众期望、政策适应性、扶贫精准性、价值感知、效果满意度5个潜变量的扶贫效益综合评价指标体系，对湘鄂渝黔边民族地区精准扶贫效益进行了客观评价[111]。

2.3.4　林下产业发展研究进展

作为非木质林产品产业，林下产业在最近十多年才受到我国的重视与发展，整个产业的技术和管理等方面尚处在探索阶段。学术界对林下产业的研究主要集中在林下经济方面[205-208]，而对其发展情况研究相对较少[209]。前期，本研究团队运用了AHP-SWOT分析模型，构建了云南省林下经济发展评价指标体系，明确了云南省林下经济发展战略模式，并为此提出相应的对策建议[18]，同时，以云南省29个少数民族地区为研究对象，对这些地区的林下经济发展模式进行了总结与分析[14]。此外，基于绿色供应链视角，对云南省林下经济发展路径进行了相关研究[19]，以及结合怒江州泸水市林下产业的发展环境及对策进行了解析[210]。其他学者则在介绍河北省林下经济发展现状的基础上，运用偏离-份额分析法，从空间结构和产业结构方面分析了该省林下经济结构布局，提出了林下经济发展产业布局规划[211]。同时，基于区位商法分析了北京市农业各行业的比较优势，研究了农业结构内部行业在北京市13个区县的比较优势，结合北京市林下经济主要模式和北京市的资源禀赋、区位条件，采用定性分析和定量分析相结合的方法，提出了北京市林下经济发展产业布局规划[212]。石国欢认为桂南地区的林业资源丰富，通过开发林下种植、林下养殖等产业，使林地资源得到了充分利用，针对该地区林下经济模式及其产业发展对策进行了探究[213]。

3 云南省扶贫开发历程及扶贫工作现状

3.1 自然禀赋及经济发展情况

3.1.1 自然禀赋及基础设施

云南省地处西南边陲，属山地高原地形，总面积为 39.41 万 km²，占全国陆地总面积的 4.1%，居全国第 8 位。云南省与缅甸、老挝、越南 3 国接壤，边境线长 4060km 以上，约占我国陆地边境线的 1/5，辖 8 个州市和 25 个边境县市。截至 2017 年末，云南省常住人口为 4800.5 万人，全省林地面积为 2607.11 万 hm²，占国土总面积的 68%，活立木蓄积量为 19.13 亿 m³；全省森林面积为 0.26 亿 hm²，森林覆盖率为 60.3%，森林蓄积量为 18.95 亿 m³，乔木林平均每公顷蓄积量为 94.8 m³；全省山区、半山区面积占总面积的 94%，有的地州山区面积高达 99% 以上。

云南省是全国植物种类最多的省份，被誉为"植物王国"。热带、亚热带、温带、寒温带植物类型都有分布，古老的、衍生的、外来的植物种类和类群很多。在全国 3 万种高等植物中，云南省占 60% 以上，列入国家一、二、三级重点保护和发展的树种有 150 多种。

2018 年，全省"五网"基础设施建设进一步提升，"能通全通"工程加快推进，新增高速公路通车里程 176km，总里程达 5198km；新增高铁运营里程 320km，总里程达 1026km；同时，新增电力装机 516 万 kW，总装机达 9420 万 kW。该省农村低保标准统一提高到 3500 元/年，企业退休人员养老金实现"14 年连调"，义务教育巩固率达 93.8%，实现跨省异地就医直接结算全覆盖，国家 36 种谈判药和 17 种抗癌药全部纳入医保支付。普洱市在内的 11 个地区（单位）被评为全国民族团结进步创建示范区（单位），独龙族、基诺族、德昂族 3 个"直过民族"和人口较少的少数民族实现整体脱贫。

3.1.2 经济发展情况

自 2011 年以来，云南省地方经济发展较为迅速，特别是在"十二五"期间，经济总量始终处于较快的增长（图 3-1）。2017 年，云南省地区生产总值（GDP）达到 16531.34 亿元，其中，第一产业为 2310.73 亿元，第二产业为 6387.53 亿元，第三产业为 7833.08 亿元，人均地区生产总值达到 34545 元。2018 年，该省地方 GDP 达到 17881.12 亿元，同比增长 8.9%，增速比全国（6.6%）高2.3%，排全国第 3 位。同时，就产业发展而言，第一产业完成增加值 2498.86亿元，同比增长 6.3%，比全国（3.5%）高出 2.8%；第二产业完成增加值6957.44 亿元，同比增长 11.3%，比全国（5.8%）高出 5.5%；第三产业完成增加值 8424.82 亿元，同比增长 7.6%，增速与全国持平。尽管如此，云南省经济总量及人均量方面多年来一直处于全国中下游水平，属于相对落后的地区，因此，进一步利用当地资源特色，探索新的经济增长引擎，是今后该省经济发展的主要着力点。

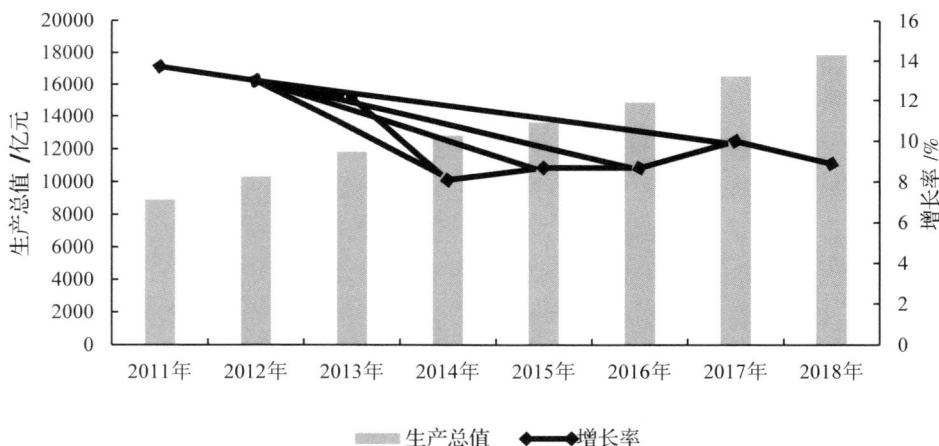

图 3-1　2011～2018 年云南省生产总值及增长速度情况①

3.2　贫困情况概述

云南省是集边疆、民族、山区、贫困"四位一体"的省份，是全国脱贫攻坚的主战场之一。该省的贫困地区、贫困人口始终集中在深山区、石山区、高寒山区、少数民族聚居区、边境地区等区域，呈"大分散、小集中"，点、片、线

---

①　数据来源于历年云南省政府工作报告及相关网络报道。

并存的格局。研究发现，云南省贫困地区分布广、贫困面大，特别是该省少数民族聚集地连片贫困问题尤为显著。现有 5000 人以上的少数民族 25 个，其中特有少数民族 15 个，有 16 个少数民族与缅甸、老挝、越南等国跨境而居，部分少数民族处于深度贫困和整体贫困状态。目前，全省辖 16 个地州市，其中，民族自治州有 8 个。在所辖的 129 个县中，民族自治县有 29 个，另外加上自治州所属县共 77 个，占云南省总县数的 60%。据统计，云南省 88 个贫困县中有 61 个县是少数民族县，占贫困县总数和总县数的比例分别为 69.32%、47.29%，其中，有 51 个少数民族贫困县是国家扶贫开发重点县。

云南省作为当前全国贫困程度较深的省份之一，其所辖州（市）、县（市、区）之间的贫富水平不同，甚至同一市内不同县域经济水平差距也较大。贫困标准主要有 4 个，分别为 1978 年标准（云南省制定的标准）、2000 年标准、2008 年标准以及 2010 年标准。云南省不同时期的贫困发生率一直远高于全国的同期水平。按照 1978 年标准，2000 年云南省的贫困发生率与全国的差距从 39.30%下降到了 1.30%；但是，同年，云南省与全国统一标准后，其绝对贫困发生率与全国的差距为 8.34%。之后几年时间里，2001 年、2002 年以及 2005 年其绝对贫困发生率分别为 4.70%、5.70%、4.46%。按照 2008 年标准，2010 年云南省低收入贫困发生率与全国的差距为 5.80%；而按照 2010 年标准，云南省的贫困发生率与全国的差距则为 22.80%。经过近些年扶贫力度的不断增加，该差距逐渐缩小，到 2016 年下降到了 5.30%。尽管如此，云南省无论是在经济总量，还是在人均经济占有量方面，都低于全国大多数省份。

一般而言，农村居民的收入水平往往低于城镇居民的收入水平。据统计，2016 年，云南省农村常住居民人均可支配收入为 9020 元，而城镇居民人均可支配收入为 28611 元。就农村常住居民人均可支配收入与城镇居民人均可支配收入的比率而言，全国为 1∶2.72，云南省则为 1∶3.17，这超过了国际公认的 1∶3 警戒线。同时，云南省不同级别贫困县农村常住居民人均可支配收入也有一定的差距，其中，88 个贫困县平均值为 8408 元，而 73 个国家重点扶持县平均值则为 8108 元。值得关注的是，云南省各地农村常住居民人均可支配收入也存在着地域差异，最高的罗平县为 12254 元，最低的怒江州福贡县仅为 5092 元[214]。

据报道，截至 2018 年底，云南省尚有 181 万贫困人口，占全国贫困人口总数的 13.1%，贫困发生率为 5.39%（图 3-2）。云南省多地处于山区，经济发展不均衡，其山地面积占 84%，高原、丘陵约占 10%，坝子（盆地、河谷）仅占 6%。同时，由于长期受到当地自然禀赋、区域环境、历史原因、市场情况、政策因素、发展机会以及农民本身知识技能匮乏等诸多因素的影响，云南省各州市之间以及各区域之间，甚至在不同少数民族之间，在经济、社会、文化等方面均存在着极大的发展不平衡性问题，因此，云南省是当前全国农村贫困面涉及区域较大、贫困县数量较多以及贫困程度较深的省份之一，未来该地区的脱贫攻坚任务十分艰巨繁重。

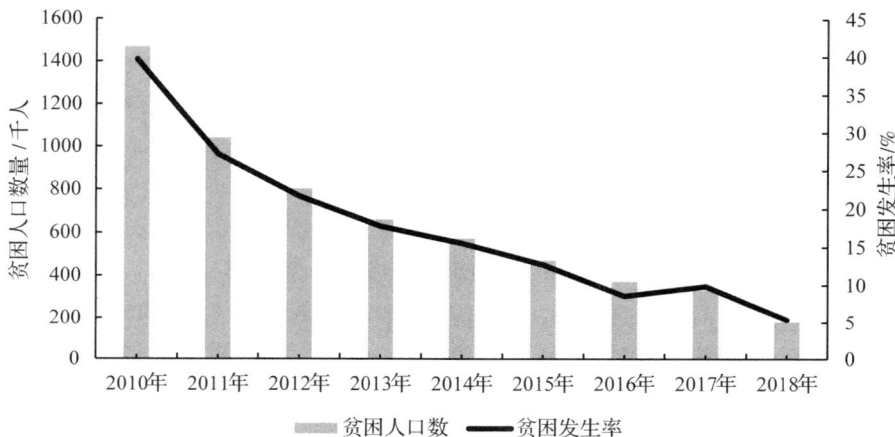

图 3-2　2010～2018 年云南省贫困人口数和贫困发生率情况①

　　2018 年，云南省进一步加大了扶贫相关经济政策向贫困地区的倾斜力度，尤其体现在资金投入方面，省级财政专项扶贫资金增加到 52.2 亿元，扶贫支出方面资金增长了 16.8%。同时，云南省积极以深度贫困地区为扶贫攻坚主要突破口，利用省级涉农财政源头整合方法，实现资金总量 368.9 亿元，较好地推动了贫困地区特别是深度贫困地区的经济发展，提高了当地扶贫效果。据统计，全省有 3 万个农民专业合作社以及 2500 个家庭农场，带动当地贫困户发展产业，成功实现脱贫，培养贫困村党员致富带头人 2.88 万名。此外，云南省大力推进现代职业教育扶贫工程，从教育角度使贫困地区的农民增加就业能力，已经累计完成投资 64.17 亿元，较好地提高了贫困地区农民的自身知识及技能水平，增加了当地扶贫攻坚的主体内因动力。同时，较好地开展了资助建档立卡贫困学生工作，受益人数高达 460 万人次。在全省新增建档立卡贫困劳动力转移就业方面，也让 119.25 万人较好地实现了就业，以及让 34.5 万人实现了易地扶贫搬迁。值得一提的是，截至 2019 年 4 月 30 日，云南省有 33 个贫困县（市、区）达到脱贫标准，经云南省省委、省政府研究同意退出贫困县序列。近些年，云南省在扶贫攻坚方面取得了较好的成绩，这与历年来我国各级政府重视贫困问题，不断实现扶贫开发有着密切关系，然而，由于该省贫困问题具有

①　数据来源于历年云南省政府工作报告、经济工作会议报告及相关新闻报道综合。

贫困人口基数大、分布广，贫困人口数量呈现"倒金字塔"结构，贫困县数量所在州（市）比例高等特征，使得后续实现脱贫攻坚、巩固提升任务变得异常艰巨。

3.3 云南省扶贫开发历程

3.3.1 中华人民共和国成立初期到改革开放时期的缓慢发展阶段

自 1950 年以来，云南省省委、省政府始终坚持以省情为立足点，积极开展农村贫困问题的破解工作，取得了较好的成效。特别是对于大多数少数民族地区、"直过民族"地区而言，当地人们的生活状况及精神面貌发生了巨大变化，扶贫开发所取得的成绩更为突出。无论是在基础设施建设方面，还是在民生方面，从中华人民共和国成立初期的一穷二白，逐步实现人民群众向富裕生活迈进。然而，由于自然灾害、历史等方面的原因，以及，国家以及省级财政资金的缺乏，严重制约着云南省扶贫工作的实施进度和效果。

3.3.2 改革开放时期到 21 世纪初期的飞速发展阶段

1978 年，我国开始全面实行改革开放，该政策不仅促进了全国经济的飞速发展，也为中国经济长期发展提供了重要引擎。特别是从 1986 年以来，全国实施有计划、有组织、大规模的扶贫开发工作，各地出台了诸多促进经济发展的政策，就云南省而言，先后制定并实施了《云南七七扶贫攻坚计划》、《云南省农村扶贫开发纲要（2001 – 2010 年）》（以下简称《纲要 1》）等中长期扶贫开发规划。上述政策的实施，极大地促进了当地经济的增长以及人民生活水平的提高，特别是对该省扶贫开发的进程产生了巨大的推动作用。

1984 年，云南省实施以工代赈项目，该项目主要由中央财政设立专项资金，省级财政进行资金配套，从而有效地解决了资金不足问题，较好地推进了扶贫进程。云南省财政扶贫资金的 80% 以上和外来资金的绝大部分，基本用于改善贫困地区基础设施和公共服务，该举措有力地解决了少数民族地区贫困群众的温饱问题，有力地提升了当地群众的经济收入水平。据报道，从 1984 年到 2017 年，国家总共累计投入资金约 105 亿元[214]，该资金广泛应用于基础设施的修改和改善工作，这个时期云南省各地修建了大量的中小型水利工程、县乡村公路以及基本农田等基础设施，同时，对于教育、医疗等方面的设施也开展了大量的修建和完善工作，不断提升了贫困地区教育、卫生公共服务水平，不断改善了贫困地区的基础设施和公共服务条件。云南省各级政府一直加大信贷扶贫资金的投入力度，不断支持少数民族贫困地区的贫困农户，充分依据当地的特色，大力发展特色种植业、养殖业以及林业和农产品相关的加工业。1986年以后，云南省投入大量财政扶贫资金和部分扶贫专项贴息贷款，不断增强少数民族地区的乡村公路交通、水利水电、基本农田等关系民生的公共基础设施建设水平，以及村级卫生室、乡级卫生院、县级医院等诸多服务民生的医疗设施建设水平。

经过改革开放十几年的扶贫工作探索，云南省不断总结经验教训，自1990年以来，采用外资扶贫的措施有效地解决了当地财政资金不足的难题，通过引进外部资金，较好地推进了广大少数民族地区贫困农户发展产业的积极性，较好地改善了当地群众的住房、教育、医疗等生活居住环境，极大地促进了贫困地区的经济、社会等方面的发展。特别是1995年，云南省又启动了西南世界银行扶贫项目劳务输出分项目工作，该项目主要以加强劳动力培训作为重要手段，通过贷款帮助贫困农户劳务输出，更好地推进少数民族地区贫困人口实现脱贫，改善其生活状况。据报道，1996年，云南省各级政府自上而下开展了"改土、治水、办电、修路、绿色"五项脱贫工程计划，极大地改善了贫困地区基础设施建设，特别是在前期基础上，更好地推进了乡村道路硬化到村工作，较好地实现了通电、通广播电视、通网络宽带等农村"三通"工作，以及较好地提高了农村饮用水条件以及卫生室建设、公共活动场所建设等关系民生的重点领域基础设施的标准。

1997年，云南省开始启动易地开发扶贫试点工作，多地贫困试点工作实践证明，易地搬迁扶贫是对基本丧失生存条件地区的农户实施的一项特殊扶贫措施，可以有效地改善农民的生活状况，更好地使其摆脱贫困困扰，更好地实现其生活水平的提高。1998年，云南省又把解决部分居住条件简陋的特困农户的安居问题作为当年扶贫开发的重要内容，通过温饱村建设、易地搬迁扶贫等项目，到2000年，解决了1万多户特困户的安居问题，该工作有效地解决了贫困人口生活中最基本的住房问题，为进一步改善其生活条件打下了坚实的基础。1999年，云南省开始全面启动易地开发扶贫工作，确定了移民人均补助标准λ[①]，该举措极大地提高了贫困地区特别是不适宜居住地区贫困人口的搬迁热情，较好地实现了扶贫效果。据报道，截至2001年底，云南省内的16个州（市）近80个县实施了易地扶贫工作，总共投入无偿资金高达8.51亿元，以及投入扶贫信贷资金3亿元，总共转移安置特困人口18.2万人，完成了1.5万人

---

① 标准λ规定，县内转移安置费用为3000元，跨地州转移安置费用为6000元，其中，贫困县的省级补助标准所占比例为70%，非贫困县省级补助标准所占比例为60%，其余由地县来进行资金配套。同时，从《纲要1》的内容来看，提高了移民人均补助标准为"跨地州转移安置8000元，州内跨县转移安置6000元，县内转移不少于5000元"，这一标准一直实施到2011年。

易地扶贫劳务输出[214]。同年，云南省明确把"劳务输出"作为解决丧失生存条件地区的贫困农户温饱和发展的一条重要途径，并借鉴上海市对口帮扶云南省建设温饱试点村的经验，针对少数民族地区中自然环境条件较差、经济发展缓慢的农村，采用"安居 + 温饱 + 社区发展"的方式，积极推进当地基础设施条件改善工作，投入资金高达 7800 万元，涉及全省绝大多数县域（16 个州市、117 个县）中的 495 个行政村。通过上述项目，云南省在整村推进扶贫、对口帮扶等方面取得了较好的成绩，特别是采用多元化的方式获得资金项目，对于全省经济发展发挥着重要作用，尤其对于少数民族地区贫困人口的生活条件、知识技能等方面产生了巨大影响，在农村水、电、路、田、林等基础设施方面产生了巨大改变，在经济、社会、产业、教育、文化、医疗卫生等方面发生了巨大变化。据报道，在整个"十五"期间，云南省累计投入的各类扶贫资金高达 160 亿元，巨额的资金为扶贫工作提供了强大的引擎，最终实现了 4878 个行政村、2.53 万个自然村的整村扶贫推进工作，为进入 21 世纪云南省的扶贫开发工作打下了坚实的基础。

进入 21 世纪，云南省省委、省政府高屋建瓴地从边疆、民族、贫困的实际省情出发，立足于前期工作基础，提出《纲要 1》发展规划，为云南省少数民族贫困地区扶贫工作指明了发展道路，特别强调将相对集中的少数民族地区、边境地区、革命老区和自然环境条件恶劣的特困地区作为 21 世纪以来 10 年内的扶贫开发的重点区域，着力解决"100 个重点扶持民族特困乡"和"100 个左右重点扶持边境民族贫困乡"的贫困问题。经过多年的扶贫工作，贫困人口的分布特点已经由之前的"点线面并存"向"点线面并存、连线成片贫困凸显"的状态转变，云南省广大贫困地区集中连片的特征更为突出，尤其是边境、少数民族以及革命老区等贫困地区，具体表现为边境县 25 个、"三江"沿岸地区、人口较少少数民族地区 8 个、"直过民族"沿边地区 9 个、跨境民族地区 16 个、革命老区县 47 个。上述贫困地区的分布特点决定了今后的扶贫措施，应积极改变过去单纯以资金扶贫为主的方式，更好地推进当地利用自身资源特点及优势，更好地解决当地自身发展问题，实现利用当地资源推进产业扶贫工作进展，更好地从"输血"扶贫向"造血"扶贫转变。2004 年以后，云南省财政专项扶贫资金中安排了产业扶贫资金，同时，通过信贷资金和财政产业扶贫资金共同助力少数民族贫困地区依托当地农业实现产业化发展，从而使得广大贫困地区更好地利用当地优势特色产业资源，更好地实现其产业结构的调整，更好地使产业扶贫措施转化为解决"造血"不足的长久动力，更好地与过去所开展的整村推进、连片开发、科技扶贫等措施紧密结合，不断改善贫困地区群众的生活水准，更好地改变贫困地区的面貌。

2005 年，云南省进一步加强易地开发扶贫的实施力度，同时，采取财政扶贫资金与以工代赈资金相结合的形式，充分尊重当地贫困人口的意愿，按照就地、就近、小规模集中等原则实现贫困人口的转移安置工作，从而有效地解决了贫困人口分散导致的脱贫困难问题，更好地提升了扶贫效果。2007 年，云南省又结合前期扶贫所取得的经验和工作效果，提出了以"大扶贫"的理念谋划全省农村贫困地区发展全局，该举措有效地将各种贫困原因进行统筹，更好地助推了扶贫工作的开展。从国家层面来讲，2008 年，实施无偿提供产业扶贫资金，进一步吸收信贷资金、外部资金，更好地发挥资本在推进产业发展中的作用，更好地提高了当地贫困户发展产业的积极性，从而形成了较好的扶贫新局面，实现了从过去扶贫的单纯"输血"到扶贫"造血"的巨大转变。2009 年 5 月，云南省开始组织实施整乡推进试点项目，实行一次规划、二年实施、第三年检查验收的计划，同时，积极吸收国家、社会等方面的各项资金，使得每乡（镇）投入省级以上财政扶贫资金 600 万元，如此大规模的资金注入有效地解决了贫困地区发展中的资金短缺问题，更好地推动了贫困地区发展地方产业的热情，促进了扶贫效果向更高水平迈进。根据《纲要1》规划，云南省将在十年间总共实施 100 个特困民族乡和 100 个边境民族贫困乡的整乡推进扶贫工作。2010 年，云南省重新修订下发了《云南省易地开发扶贫项目管理暂行办法》，该办法充分分析了过去扶贫开发取得的经验，在前期开展的扶贫措施的基础上，不断完善现有的关于扶贫的规章制度，更好地对资金提出了规范化管理建议，更好地明确了在实施易地扶贫开发的项目中的搬迁对象、补助标准、项目建设规范及搬迁后贫困农户的户籍、土地调整等各项保护搬迁贫困群众权益的政策，最大限度地保障了贫困地区人口的权利，更好地激发了贫困地区开展易地搬迁的热情，更好地推动了扶贫开发进程。

综上所述，在 2001～2010 年的十年间，云南省针对广大贫困地区开展了包括茅草房改造工程、地震民居安全工程、农村危房改造工程、村容村貌整治工程、易地搬迁扶贫工程、工程移民搬迁工程、游牧民定居工程等不同形式、不同标准的新农村建设工作，从而有效地保障了贫困人口的居住条件以及生活条件，受益的贫困农户高达 200 多万户。值得一提的是，2003～2010 年，云南省各级政府积极筹措资金，累计投入财政专项扶贫资金高达 14.54 亿元，对 16 个州（市）、125 个县（市、区）、1726 个乡（镇）、9180 个村委会、5.5 万个村民小组、40.25 万户特困农户实施了基础设施构建工作。同时，在结合整村推进、以工代赈扶贫开发等方面，完成 3.3 万户贫困家庭的改造，得到了广大人民的积极响应。此外，在涉及转移安置贫困群众方面，总共有 64.66 万人成功实现了过渡。十年间，云南省政府累计对贫困地区劳动力转移的引导性培训和技能性培训高达 236.89 万人次，有效地促进了贫困地区人口知识和技能的提升，更好地增强了其就业能力，为进一步实现小康社会奠定了坚实的基础。特别是进入 21 世纪以来，云南省充分结合"七彩云南"保护行动、天然林保护、退耕还林还草等生态环境保护工程，在发展贫困地区经济的同时，积极着力改善当地的生态环境，共建设沼气池 83.22 万口，推广节能灶 44.14 万口，在 80 个重点县建设生态林 159.03 万 hm^2。上述措施的实施，有力地解决了经济发展与生态环境保护之间的矛盾，为进一步改善贫困地区人口的生活状况打下了坚实的发展基础。

3.3.3 2011～2013 年的农村扶贫开发阶段

经过多年的扶贫，云南省的扶贫开发工作取得了较为突出的成效。进入 21 世纪后的十年，云南省的各项扶贫工作成绩斐然。云南省委省、省政府立足于省情，结合前期工作状况，于 2011 年，又进一步实施下一个十年规划——《云南省农村扶贫开发纲要(2011－2020 年)》(以下简称《纲要 2》)，以实施精准扶贫、精准脱贫为基本方略，把贫困地区中的整乡推进依然作为重要的扶贫措施。同时，从资金扶贫力度方面来看，这个十年脱贫规划，将对每个乡镇投入的省级财政扶贫资金增加到 2000 万元。除此之外，《纲要 2》还对县级、乡镇等政府资金的融合数量进行了规定，明确每个乡镇整合资金达到 1 亿元以上。《纲要 2》有效地规定了扶贫资金不仅要来自于中央、省级财政，也要来自于地方财政，更好地提高贫困地区政府对于资金的使用效率，更好地助推各贫困地区实施招商引资，更好地围绕产业扶贫、基础设施、社会事业、生态能源建设、科技推广、民生保障和农村基层组织建设等七大类建设项目开展资本运作，更好地发展当地经济，提升扶贫效果。此外，除资金外，《纲要 2》还把农村劳动力转移培训作为重要的扶贫措施，这就从根本上保障了扶贫开发的主体对象贫困户的自身知识和技能的发展水平，更好地让内驱动力发挥巨大作用，更好地借助外部环境实现脱贫致富。据统计，"十二五"期间，云南省各级政府共组织培训了 85.9 万人，有效地提高了贫困人口对于知识和技能的掌握水平，更好地促进了他们运用自身知识和技能致富的能力。

2011 年以来，云南省进一步创新扶贫开发运行机制，立足云南省实情，充分调动各个社会层面的力量，从更大的范围中吸收扶贫资金来源，利用政府的强制力，更好地实现了省外、省内不同部门、不同区域中优势资源协同发展的扶贫局面，更好地促进了政策的落实和资金的帮扶，更好地实现了少数民族地区摆脱贫困的愿望，更好地开展"大扶贫"运行机制，成功地走出了一条具有云南省特色的扶贫路径。值得关注的是，在 2015 年，云南省政府启动并不断完善

"挂包帮"、"转走访"工作机制,在党员领导干部与贫困地区、具体农户之间建立直接的联系,从而有效地保障了"领导挂点、部门包村、干部帮户"的定点挂钩扶贫工作长效机制,从而在最大限度上,实现了从省、州(市)、县(市、区)、乡(镇)四级干部全覆盖,整合全部资源用于贫困地区、贫困农户的扶贫工作,有力地推进了各项扶贫工作落实到实处,更好地提高了政策与资金的落实效果,强化了云南省扶贫开发效果。

截至2011年末,按照2010年新的贫困标准(该标准比2008年的标准提高了80.53%),云南省农村贫困人口达到1014万人,贫困发生率达到27.1%[214]。尽管如此,通过对扶贫对象运用有效的方法和手段进行帮扶,有效地改善了少数民族地区广大贫困人口的生活条件,有效地提高了当地的基础设施建设条件,有效地提升了当地农户自身的知识和技能水平,为进一步实现全面小康社会奠定了发展基础。在开展扶贫过程中,各级政府始终将少数民族、妇女儿童、有劳动能力的残疾人等弱势群体作为重点扶贫对象,始终对乌蒙山区、石漠化地区、滇西边境山区、藏区4个连片特困地区开展重点帮扶,积极建立和完善有利于上述扶贫对象和贫困地区发展的财税、投资、金融、产业、土地、生态补偿、人才等方面的政策,积极推进经试验符合云南省扶贫开发进程的专项扶贫项目,积极推进以整村整乡推进扶贫、易地搬迁扶贫、贫困劳动力培训转移扶贫、产业扶贫、劳动培训扶贫、以工代赈扶贫、兴边富民工程扶贫、革命老区扶贫开发为主要特色的扶贫举措,积极推进外部资金、社会资金以及多方位资金的扶贫力度,积极推进少数民族地区定点扶贫、滇沪对口帮扶合作以及广大企业的扶贫工作。同时,积极推进医疗互助、教育互助等方面的扶贫工作,从而全方面、多角度共同推动云南省贫困地区较快实现脱贫,为全面实现小康社会提供重要的基础。

2012年以来,云南省进一步加大了易地搬迁力度,完善易地搬迁的政策措施,不仅从政策制定、落地方面,也从工作力度方面,有力地提升了该项措施的实施效果。少数民族地区贫困人口易地搬迁后,生活水平得到了巨大改善,主要表现在:通公路、通电、通安全饮用水、通广播电视、通宽带网络及通讯等生活条件的实现,有效地落实了易地搬迁政策中所提出的"搬得出、稳得住、能脱贫、有发展"的目标。同时,原有地区的退耕还林还草等生态修复工程也得以进一步实施,有效地保障了经济发展与生态保护、扶贫开发的协调发展。值得一提的是,整个"十二五"时期,云南省共投入易地扶贫搬迁资金76亿元,累计搬迁40余万人。

综上所述,在2011~2013年的三年间,云南省累计投入扶贫资金(不含社会帮扶资金)约305.33亿元,其中,财政扶贫资金约153.26亿元[214]。如此大规模的资金投入，使扶贫效果明显提升。经过三年的扶贫开发历程，按照现行贫困标准，云南省贫困人口从 2010 年的 1468 万人下降到了 2013 年的 661 万人，这三年成为进入 21 世纪以来贫困人口减少最快的时期，也是历史上年均减贫人数最多的时期。因此，学术界将 2011~2013 年云南省扶贫开发阶段单独划分，具有十分重要的历史意义。

3.3.4 2014 年以来的精准扶贫、精准脱贫阶段

自 2014 年以来，中央制定了精准扶贫、精准脱贫的基本方略，并将其纳入了"五位一体"总体布局和"四个全面"战略布局进行部署，强调"决不让一个少数民族、一个地区掉队"。同时，党的十八届五中全会公报中又进一步明确，到 2020 年应实现如下目标："我国现行标准下农村贫困人口实现脱贫，贫困县全部摘帽，解决区域性整体贫困"。云南省结合省情，深入贯彻落实中央扶贫开发战略部署，积极推进精准扶贫、精准脱贫，为实现 2020 年全面脱贫、脱帽、增收三大目标不断努力。

据报道，2014~2017 年，云南省扶贫资金大幅度增长，累计投入扶贫资金（不含社会帮扶资金）高达 808.53 亿元，其中财政扶贫资金约 380.53 亿元。该时期资金投入量比之前任何一个时期的力度都大，扶贫效果也有较好表现。如，2014 年实施退耕还林还草 28.07 hm^2，2016 年新增经济林 16.53 万 hm^2，同时，云南省还着力发展生态经济，有效带动 17.58 万贫困人口实现脱贫。2014 年至今，云南省省委、省政府发布了《关于创新机制扎实推进农村扶贫开发工作的实施意见》以及《云南省农村扶贫开发条例》、《关于举全省之力打赢扶贫开发攻坚战的意见》和《关于深入落实中共中央 国务院脱贫攻坚重大战略部署的决定》、《云南省脱贫攻坚规划（2016－2020 年）》、《云南省林业生态脱贫攻坚实施方案（2018－2020 年）》（附录 3）以及相关扶贫工作配套文件，上述文件为进一步实施扶贫工作提供了重要的政策保障，有力地保障了前期扶贫效果，更好地推进了云南省扶贫新局面的形成（表 3-1）。

2014 年以来，云南省扶贫开发全面转入精准扶贫、精准脱贫时县域经济发展争先进位评价体系，自上而下制定了实施贫困县、村和农户的动态退出机制，明确了退出标准、程序和时间表。有力地保障了扶贫对象识别、帮扶资金倾斜的准确性。同时，着力开展了以深度贫困群体为主（普洱市镇沅县苦聪人、红河州西双版纳州莽人和克木人、文山州瑶族山瑶族支系、普洱市澜沧县拉祜族、德宏州陇川县景颇族特困村、文山州僰人、怒江州勒墨人、玉溪市山苏人等）的重点帮扶工作，有效地改善了深度贫困群体的生活状况，更好地实现了精准扶贫。值得关注的是，2014 年，云南省启动了怒江州独龙江乡整乡推进独龙族整

族帮扶五年规划三年行动计划，实施了宁蒗县以深度贫困村综合发展为主要内容的扶贫攻坚大会战，以及怒江州整州区域发展与扶贫攻坚大会战。除此之外，云南省还成功实施了澜沧县拉祜族聚居区 356 个深度贫困自然村的整村推进和易地扶贫搬迁工作，以及 100 个特困民族乡和 100 个边境民族贫困乡的整乡扶贫工作，并开展了西双版纳州基诺族、布朗族等人口较少的少数民族的综合扶贫开发工作，有效地解决了自然条件恶劣、不适宜生存的少数民族地区的贫困问题，有效地实现了上述地区的脱贫目标。此外，云南省还进一步推进了产业扶贫力度，成功建立以龙头企业、龙头产业发展大户为引擎，带动贫困户发展的新型模式，不断提高贫困地区"造血"扶贫能力，成功实现产业扶贫。

表 3-1　2014 年至今云南省出台的部分扶贫政策文件汇总

序号	文件名	颁发机构	发文日期
1	云南省农村扶贫开发条例	云南省人大常委会	2014 年 7 月
2	关于创新机制扎实推进农村扶贫开发工作的实施意见	省委、省政府办公厅	2014 年 4 月
3	关于举全省之力打赢扶贫开发攻坚战的意见	省委、省政府	2015 年 7 月
4	关于深入落实中共中央 国务院脱贫攻坚重大战略部署的决定	省委、省政府	2015 年 12 月
5	云南省贫困退出机制实施方案	省委、省政府办公厅	2016 年 6 月
6	云南省全面打赢"直过民族"脱贫攻坚行动计划（2016 - 2020 年）	省委、省政府	2016 年 6 月
7	云南省脱贫攻坚报告工作实施办法	省扶贫开发领导小组	2016 年 6 月
9	云南省贫困退出考核实施细则	省扶贫开发领导小组	2016 年 11 月
10	关于加强困境儿童保障工作的实施意见	省政府	2016 年 12 月
11	关于加快乡村旅游扶贫开发的意见	省政府办公厅	2016 年 12 月
12	云南省贫困对象动态管理工作方案	省扶贫开发领导小组	2017 年 7 月
13	云南省脱贫攻坚规划（2016 - 2020 年）	省政府	2017 年 8 月
14	云南省健康扶贫 30 条措施	省政府办公厅	2017 年 9 月
15	关于打赢精准脱贫攻坚战三年行动的实施意见	省委、省政府	2018 年 8 月

2015 年，云南省全面启动并不断完善"挂包帮"、"转走访"工作，建立健全了"领导挂点、部门包村、干部帮户"定点挂钩扶贫工作长效机制。同时，累计投入各类扶贫资金约 250 多亿元，实施整乡推进项目涉及 16 个州（市）、262 个乡（镇），实施扶贫安居工程 14.6 万户[214]。

2016 年，云南省进一步开展财政扶贫，实行资金、项目、任务和责任"四到县"，不再设整村推进项目。就基础设施建设而言，全省乡镇公路、建制村公路通畅率分别达到 100% 和 88%，同时，新增转移就业农村劳动力 75.7 万人（省外就业 16.52 万人），其中建档立卡贫困劳动力 13 万人[214]。通过近些年的扶贫工作，云南省 11 个"直过民族"和人口较少的少数民族的贫困发生率下降到

12.23%。实现了建档立卡贫困人口 100% 纳入城乡医疗保障体系，基本医保参保率 100%，大病保险参保率 100%。农村群众参合率整体保持在 98% 以上。此外，滇沪对口帮扶范围由 4 个州（市）、26 个县扩大到了 12 个州（市）、45 个贫困县，并增加了滇粤对口帮扶昭通市和怒江州的 13 个贫困县。云南省又启动了 2128 家民营企业对口帮扶 2066 个贫困村的"万企帮万村"精准扶贫行动。截至 2016 年底，云南省共有 38 名省级领导挂钩帮扶 4 个片区、42 个贫困县、13335 个部门（单位），定点帮扶 88 个贫困县、4277 个贫困村，63.4 万名干部结对帮扶 159 万贫困户[214]。

3.4 云南省扶贫开发措施及成效

产业扶贫是贫困地区依托当地自然资源优势，开发当地优势产业、特色产业来带动贫困人口脱贫和致富的扶贫模式。具体而言，产业扶贫可以最大限度地利用当地特色资源，有效地带动贫困户稳定增收，然而，就该扶贫措施的实践经验来看，应积极解决好"重生产、轻市场、难销售"等问题，降低产业生产的风险，更好地发挥优势企业、基地以及合作组织的充分引导作用，充分提供资金支撑，将贫困地区农户纳入到整个产业的发展环节中，更好地提升贫困地区劳动力发挥作用，提高其生活水平。同时，增强贫困地区农户的知识和技能水平，加大对相关技能的培训力度，按照脱贫增收的目标，强化产业发展带动地方经济、技能培训增强贫困群众就业能力的思想认识，不断依靠贫困地区的自然资源优势，更好地提升扶贫效果。

3.4.1 贫困人口逐年减少，收入水平逐年增长

经过数十年、多代人的不断努力，云南省的贫困人口从改革开放之初的 2000 万人下降到 2018 年末的 181 万人，其贫困发生率也由 70% 下降到 5.39%。根据前人报道，按照 1978～1985 年、1985～1992 年、1994～2000 年、2001～2010 年、2011～2016 年五个阶段进行划分，云南省年均减贫率分别为 10.91%、11.11%、12.19%、11.79% 和 21.59%，年均减少贫困人口分别为 112.57 万人、87.71 万人、90.00 万人、69.71 万人、182.50 万人[214]。通过上述分析，可以看出云南省的扶贫成效是非常显著的，贫困人口呈现出逐年递减的趋势，但是，前人对于云南省扶贫开发的阶段划分和因此产生的数据可比性是否恰当，有待于今后学术界进一步进行明确。

为了更好地明确云南省贫困地区农民收入水平的变化情况，前人对比分析了 73 个国家扶贫重点县、25 个边境县、7 个省级扶贫重点县等区域的农民收入

情况，明确上述地区农民收入水平逐年增长。2000~2016年，73个国家扶贫重点县农村常住居民人均可支配收入从1100元增加到8108元，增加了7008元，年均增长13.30%[214]。同时，根据国家统计局云南调查总队得出的贫困监测调查数据结果显示，2016年，云南省贫困地区农民人均可支配收入为7847元，比2015年增加了777元（图3-3），同比增长11%，增速高于全省平均增长率的1.6%，增速位居全国第六。

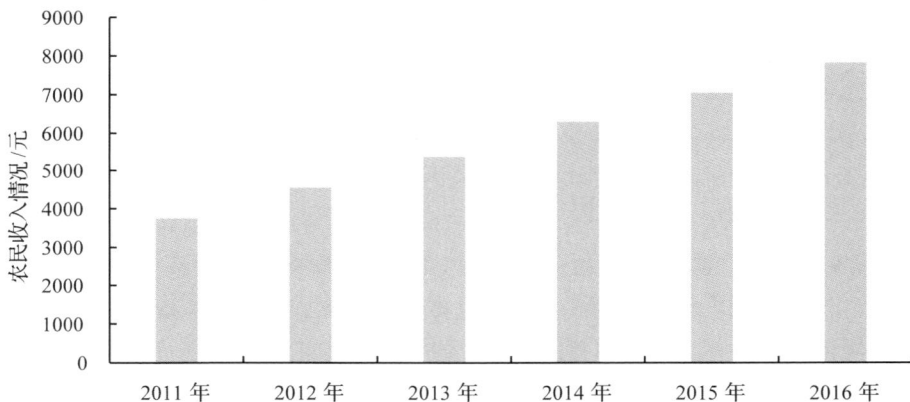

图3-3 2011~2016年云南省贫困地区农民收入变化①

3.4.2 贫困地区整体经济水平明显提高

通过对云南省贫困地区扶贫开发历程的分析，可以看出，该省贫困地区整体经济水平不断提高，农林牧渔总产值不断攀升，国民生产总值不断增加，人民生活水平不断改善。据前人报道，2006~2016年间，就农民人均纯收入年均增长率而言，25个边境县的农民收入变化较为显著，农村常住居民人均可支配收入从1641元增加到8225元，年均增幅为17.49%（表3-2）；同时，就人均GDP年均增长率而言，25个边境县的人均生产总值从5674元增加到22870元，年均增幅为14.96%，73个国家扶贫重点县人均GDP占云南省平均水平的比重从2011年的55.41%提高到2016年的59.02%（表3-2）；就农林牧渔总产值年均增长率而言，25个边境县农业总产值从176.4亿元增加到685.84亿元，年均增幅为14.54%（表3-2）；就人均一般公共预算收入年均增长率而言，25个边境

① 2011~2013年为贫困地区农村居民人均纯收入，2014~2016年为贫困地区农村居民人均可支配收入。

县人均一般公共预算收入从 278 元提高到 1473.21 元，年均增幅为 18.15%（表 3-2）[214]。综上所述，云南省不同级别贫困地区的农村均发生了前所未有的变化，常住居民人均可支配收入的年均增幅均高于云南省平均水平，云南省贫困地区的农民收入实现了显著增长。

表 3-2　2006～2016 年云南省不同级别贫困地区经济发展情况

地区类型	县域数量（个）	农民人均纯收入年均增长率	人均 GDP年均增长率	农林牧渔总产值年均增长率	人均一般公共预算收入年均增长
全省	129	14.90%	13.30%	11.62%	16.14%
国家级扶贫重点县	73	17.24%	14.56%	14.29%	18.06%
省级扶贫重点县	7	15.19%	13.88%	13.06%	16.16%
边境县	25	17.49%	14.96%	14.54%	18.15%

3.4.3　贫困地区产业支撑能力进一步加强

云南省的扶贫措施已经由过去的"输血"扶贫向"造血"扶贫进行转变，贫困地区产业扶贫在促进经济发展、改善当地人民生活状况方面发挥着重要的作用。截至 2016 年，云南省成立了 5000 家农林专业合作社，其中省级示范社 520 家。上述农林专业合作社的成立和发展有效地带动了贫困地区群众开展农林业生产的积极性，并逐渐呈现规模化、组织化，在扶贫攻坚工作中发挥着巨大的引领作用。同时，伴随着"十三五"规划中，国家对于贫困地区扶贫资金特别是产业扶贫专项资金的政策支持力度越来越大，为云南省贫困地区充分利用省级以上财政产业扶贫资金和信贷扶贫资金提供了巨大机遇，为进一步实现农林业产业发展，促进当地经济腾飞发挥着巨大作用。云南省各地始终以破解贫困问题为目标，积极发展地区特色产业，集中优势力量，发展特色种植业、养殖业，特别是近些年林下经济发展如火如荼，不断提高当地农户的经济收入，改变传统经济的发展模式。在一些贫困地区，近些年逐步形成了一大批以"公司＋合作社＋贫困户"、"公司＋支部＋合作社＋贫困户"、"家庭农场＋合作社＋贫困户"等多种产业扶持模式[214]，为进一步提高产业支撑经济发展水平，助推贫困地区脱贫致富发挥着重大作用。目前，扶贫贴息贷款扶持全省扶贫企业约 800 个，项目覆盖全省 90 多个县、市、区，较好地带动了云南省上百万户贫困农户，推动了贫困地区产业发展。同时，电商扶贫、光伏扶贫和旅游扶贫让近 30 万户贫困户直接受益[214]。

3.5　云南省扶贫开发现状分析

3.5.1　现状情况

　　研究发现，云南省贫困人口数量与贫困县的数量之间的关系呈现"倒金字塔"的结构形态，贫困人口数量少的县域分布范围较广，反之，贫困人口数量较多的县域分布较为集中（表3-3）。贫困人口5000人以下的贫困县区较少，贫困人口20万以上的县区仅有两个县，为昭通市镇雄县和曲靖市会泽县，两县不仅为国家级贫困县，同时也是集中连片特困地区的片区县。据统计，2014年，会泽县有贫困人口38.5万人，占总人口的37.5%，贫困人口绝对数居全省第一；2015年，镇雄县贫困人口为74440户、282480人，贫困人口占云南省的6%、昭通市的25.23%。

表3-3　云南省贫困人口分布情况

序号	贫困人口数量类型（人）	县（区）数量（个）	分布情况（地名均为简称）
1	5万~20万	32	主要分布于滇中北、滇西、滇东及滇南地区
	5万~10万	23	昆明市东川区，昭通市盐津县、大关县，曲靖市师宗县、富源县，红河州蒙自县、屏边县、金平县、绿春县，文山州麻栗坡县、马关县、富宁县，普洱市墨江县，楚雄州武定县，保山市隆阳区、昌宁县，临沧市凤庆县，大理州市弥渡县、怒江州兰坪县以及迪庆州维西县
	10万~20万	9	曲靖市宣威市，昭通市昭阳区、永善县、彝良县，普洱市澜沧县，红河州元阳县以及文山州广南县
2	0.5万~5万	99	主要位于云南省中西部地区，包括曲靖市、保山市、丽江市、普洱市以及楚雄州、红河州、文山州、怒江州等
	2万~5万	47	曲靖市陆良县，保山市腾冲市、龙陵县，昭通市威信县，丽江市永胜县，普洱市景东县、景谷县、镇沅县、江城县、孟连县、西盟县，临沧市临翔区、永德县、镇康县、双江县、耿马县、沧源县，楚雄州楚雄市、双柏县、南华县、姚安县、大姚县，红河州建水县、石屏县、弥勒县、泸西县，文山州文山市、砚山县、西畴县、丘北县，大理州南涧县、云龙县、剑川县、鹤庆县，德宏州梁河县、盈江县，怒江州福贡县、泸水县，迪庆州香格里拉市

（续）

序号	贫困人口数量类型	县（区）数量（个）	分布情况
2	0.5 万~2 万	52	曲靖市麒麟区、马龙县、沾益县，玉溪市红塔区、江川县、澄江县、华宁县、易门县、峨山县、新平县、元江县，丽江市华坪县，普洱市思茅区，楚雄州永仁县、元谋县、禄丰县，红河州个旧市、开远市、河口县，西双版纳州景洪市、勐腊县，大理州大理市、漾濞县、永平县，德宏州瑞丽市，怒江州贡山县以及迪庆州德钦县
3	5000 人以下	10	主要为云南省省级扶贫开发重点县（区），即涉及昆明市所辖的区县，包括昆明市区、呈贡区、晋宁县、富民县、宜良县、石林县、安宁市，以及玉溪通海县，昭通市水富县和丽江市古城区

3.5.2 原因分析

云南省贫困地区贫困产生的原因不仅有当地经济文化落后的历史原因，也有自然生存环境恶劣等天然因素。同时，经过多年的扶贫开发工作，一些贫困地区已经完成了脱贫攻坚工作；然而，近些年，由于贫困家庭中成员生病、技术缺乏以及劳动力自身知识和技能匮乏等因素导致的贫困问题，正在逐渐显现。如何更好地保持扶贫效果，更好地将"输血"扶贫成功转换为"造血"脱贫，是贫困地区急需解决的现实问题。

近些年，云南省用于扶贫开发的资金多达数百亿元，然而，与艰巨的脱贫攻坚任务相比，资金缺口仍然非常大。同时，由于云南省贫困地区多处于交通不便的山区，自然环境相对恶劣，从而造成原材料运输成本成倍增加、施工环境条件相对较差、重型机械难以操作等问题，直接导致扶贫项目的实施成本远高于其他省份，造成扶贫资金严重缺乏。加之贫困地区地方财政紧张，因此，资金短缺成为严重制约云南省扶贫攻坚工作推进的重要因素，也成为贫困问题较难解决的重要因素。

就产业扶贫而言，目前，云南省贫困地区所采用的扶贫方式主要以高原特色农业为主，然而，由于农业本身存在的抵御外界环境能力不足的问题，特别是受连续干旱、冰冻、风灾、虫灾、滑坡泥石流等自然灾害的影响极大，严重制约着产业扶贫的效果。同时，农田水利基础设施不完善及其配套设施明显不足，以及畜牧生产设施设备落后，严重制约着贫困地区农村开展种植业以及养殖业扶贫的成效。此外，就产业规模而言，尽管实施了"龙头企业＋基地＋合作社＋贫困户"的新型农业生产模式，然而，产业融合率低、产业链不够长，严重制约着贫困地区产业的发展。

通过总结前人报道发现，在云南省的建档立卡贫困户中，缺技术致贫、因病致贫、缺资金致贫、缺劳动力致贫、自身发展能力不足致贫，所占比例分别为 26.57%、19.96%、15.68%、8.73% 和 7.83%[214]，上述因素严重制约着贫困地区人口脱贫致富的步伐。此外，还有因残致贫、因学致贫等其他因素。具体而言，因残致贫所占比例为 6.64%，因学致贫所占比例为 5.12%，交通条件落后致贫所占比例为 4.54%，缺土地致贫所占比例为 2.35%，因灾致贫所占比例为 1.66%，缺水致贫所占比例为 0.93%，因婚致贫所占比例为 0.52%[214]。

此外，在我国开展多年的扶贫开发进程中，贫困地区人口普遍愿意接受由政府来主导的资金扶贫模式，值得关注的是，通过该方式可以有效地在贫困地区于短期内产生较好的扶贫效果，特别是在自然灾害突发时，上述方式往往会产生"立竿见影"的"输血"效果。然而，对于处于长期贫困地区的人们而言，上述方式往往不能彻底改变当地的贫困面貌，反而会产生一些问题，如增加地方政府财政支出的压力，使一些非政府组织不能很好地参与扶贫工作，同时，使当地贫困人口产生思想上和行动上的惰性，贫困地区出现了"政府越是积极扶贫、当地越是贫困"、"争夺国家级贫困县"的称号的尴尬局面。云南省贫困人口多属于少数民族，居住地远离城镇，受到地理位置、生活环境等因素影响，其创新意识、发展意识、商品意识和竞争意识均不强，自我发展能力较弱，在自身能力不足的前提条件下，产生不同程度的"等、靠、要"的思想，严重地制约着当地的扶贫效果。

4

云南省林下产业扶贫的优势及潜力分析

4.1 云南省林下产业扶贫的优势

4.1.1 林下经济发展模式多样化

林下经济是指不以采伐木材为主要目的，依托森林和林地资源开展的种植、养殖、相关产品采集加工和森林景观利用等经营活动[105]。其模式多种多样，主要涉及林下种植、林下养殖、林下产品采集以及森林旅游等（表4-1）。其研究对象主要是由林木的上、中、下、左、右空间组成的复合生态系统，涉及农林业植物生产等。因此，在某种程度上，可以说林下经济是生态保护与高效农林产业的有机融合经济。

表4-1 林下经济主要类型与森林范畴

序号	类型	模式	森林范畴
1	林下种植	林果、林草、林花、林药、林菜、林菌等	各类人工林、低效林改造；退耕还林地以及混农林；以集体林（含农户自留山）为主
2	林下养殖	林禽（林下放养、圈养鸡、鸭、鹅等）、林畜（林下放养猪、牛、羊等）、林蜂、林蛙(林下养蛙)等	人工林、天然林、疏林地与灌丛；国有林、集体林（含农户自留山）；经济林、生态林（公益林）以及退耕还林地
3	林下产品采集加工	林果、野生菌类、野生蔬菜、野生药材、野生蜂蜜等资源的采集活动与加工	以天然林（包括次生林）为主，包括各类人工林、经济林、生态林等；国有林、集体林
4	森林旅游	旅游观光、休闲度假、森林康复与游憩	天然林、人工林；经济林、生态林等；混农林、疏林地、灌丛、沙化石漠化景观等；国有与集体林

（1）林下种植

林下种植主要指利用林下空间资源培育具有经济价值的耐阴作物（如蔬菜、草本药材、花卉、观赏植物、食用菌等）以获取更多收益的经济活动，这类经济活动更多发生在人工森林以及低效林改造之中，如荒山造林地、退耕还林地以及其他造林地上。人们通过林下种植，既能有效地抑制杂草生长，又能增加经济收入，是退耕还林地早期较为普遍的一种以短养长、长短结合的经济发展模式。同时，在贫困地区实施的混农林业，作为典型的林下种植模式之一，主要是在茶园内栽种高大乔木或套种豆科作物，在果园内栽种饲料作物或套种蔬菜药材等，从而在最大限度上提高单位面积的经济产出，有力地促进了当地经济的发展。上述模式有效地发挥着"以短补长、以林护农"等综合优势，运用作物生长的不同环境以及不同特征，充分发挥立体农业的优势，更好地构建了多层次、多用途的现代农林业结构体系，有助于生态系统特定的物质循环、信息传递以及生态修复。

（2）林下养殖

林下养殖不仅涵盖了传统的林间放牧活动，更增加了动物（昆虫）等的林下饲养、圈养、放养等活动类型，养殖对象主要有鸡、鹅、兔、猪、牛、蜂、蛙等，从而有效地协调了动物与森林之间的生态关系，即由森林来提供上述动物（昆虫）的栖息地和生存资源。同时，上述动物（昆虫）又为森林提供多种养分，共同构建起森林、畜牧业的生态循环产业链，从而有效地改善了当地的自然环境，实现了经济发展与生态建设协同进步。

（3）林下产品采集加工

林下产品采集加工是人们实现林下经济由资源培育向利用开发转变的重要环节，不仅包括过去传统意义中的林下可利用野生资源的采集，也涉及现代意义中的林下种植资源的采集及加工转化过程。就云南省贫困地区而言，处于不同区域、不同海拔、不同类型的森林生态系统为实现上述模式提供了诸多条件，该模式投资少，所需要的知识和技能有限，因此，非常适合在贫困地区大力发展。目前，主要林下产品采集加工有以下几种形式：在低海拔贫困区域，多以林下种植蔬菜、中药材以及豆科植物为主，从而获得林下产品，更好地利用林下空间和资源；在高海拔贫困地区，则主要以采集加工野生动植物资源为主，从而提高当地的经济收入，更好地实现对当地资源的开发和利用。

（4）森林旅游

森林旅游是近年来不断发展的旅游产业新形态，是伴随着城市居民生活水平提高、经济发展的需求所产生的一种依托森林资源形成的新型旅游方式，主要包括森林游憩、观光休闲，还涉及康复养生、森林探险、科普教育等在内的一系列依托森林资源的旅游形式。该模式产生之初，就具有综合性、涉外性、垄断性与竞争性等特征，与一般性旅游不同，森林旅游资源依托的对象是森林，因此，其除具有其他旅游资源的特点外，还具有森林独特的优势。特别是近些年，贫困地区利用当地森林资源以及特色饮食，发展了形式多样、内容各异的"农家乐"餐饮休闲产业，极大地促进了当地经济发展，更好地实现了贫困地区脱贫致富的目标，也成为产业扶贫的重要方式之一。

就云南省而言，森林资源是当地广大人民群众赖以生存的主要物质基础和增加收入的重要经济来源，近些年，云南省把积极发展林下经济作为巩固集体林权制度改革成果、促进绿色增长、提高林地产出、增加农民收入的有效途径，通过开展林下种植、林下养殖、林果采摘及加工、森林资源采集及加工、生物质能源和森林景观利用等，初步形成了以林下养殖、林下种植、林产品采集加工、森林生态旅游等为主要模式，涉及林药、林菌、林花、林果、林菜、林草、林禽、林畜、林蜂、林景等领域的林下经济发展格局，走出了一条符合实际、独具特色的林下经济发展道路。

4.1.2 林下产业助推扶贫方面效益突出

目前，我国经济已经进入了中高速增长和转型升级发展的新常态，即经济增速趋于缓和、经济结构面临调整，基于此，国家提出"供给侧改革"策略，就林业而言，经过多年的林业利用及其产业的发展，急需开展供给侧结构性改革，这是实现贫困地区利用林业产业实现脱贫致富的重要路径，也是促进我国区域经济可持续发展的必由之路。林业产业供给侧结构性改革思路为：根据我国城乡居民正在发生的消费结构变化和对安全食品的巨大市场需求，生产及加工符合人们需求的更加生态、更富营养、更为多样的林业产品，从而有力地实现林业产业的可持续发展，更好地助推林业产业健康、快速、有序发展。

就云南省经济发展而言，烟草、花卉以及旅游是经济发展的重要领域，近些年，以核桃、油用牡丹以及澳洲坚果为代表的经济林大范围种植，成为助推云南省经济发展的新的强有力的动力。因此，上述林业产业在云南省经济未来发展中必然具有十分重要的战略地位，为实现贫困地区脱贫致富以及经济腾飞提供了重要的基础。2014年，云南省人民政府颁发了《关于加快林下经济发展的意见》（云政发〔2014〕39号），对全省各州（市）林业产业发展做出了新的部署。同时，为进一步推动林业经济较快发展，怒江州州委、州人民政府先后制定颁发了《怒江州"两江"流域生态修复和绿色经济发展行动计划（2014 –2020）》、《关于加快林业经济发展的意见》和《关于加快草果产业发展的意见》、《关于加快重楼产业发展的意见》等一系列促进林业经济发展的组合性政策措施。其他地区也出台了诸多促进林业经济发展的政策文件,有力地推动着云南省林业产业促进扶贫攻坚工作的进程,各地立足于当地特定生态环境以及林业资源,形成了一批特色林业经济带动区、生物多样性保护示范区,同时,林业产业经济结构不断优化,从而有效地实现了农林业生产转型升级,相关文化旅游产业快速发展的良好局面。具体而言,滇中地区(楚雄州、大理州等)以野生菌、林下药材及木本油料产品的加工及流通为主;滇东北地区(昭通市、曲靖市等)以林下药材种植为主,天麻、重楼等名贵药材种植已经形成规模;滇南地区(红河州、普洱市等)多种植石斛、三七等林下药材;滇西北(怒江州、迪庆州等)及滇西南地区(德宏州等)依托丰富的旅游资源开展森林生态旅游。目前,云南省已形成昆明木水花野生菌交易市场、南华野生菌交易市场、香格里拉松茸交易市场、昆明菊花园中药材交易市场、大理永平曲硐核桃交易市场等林下经济产品交易市场。

近些年,云南省各地特别是贫困地区依托当地资源优势,通过大力发展林下经济,探索了林下经济发展的诸多模式,该举措有效地提高了林地的利用率,不断拓宽林业发展的空间,不断增强森林资源的培育,从而有效地增加了贫困地区林地的产出效益,有效地提升了森林生态产品供给能力,林下经济发展逐步向林下产业经营转变。截至 2016 年底,云南省全省林下经济经营面积达453.33 万 hm^2,主要产品产量超过 750 万 t,产值超过 650 亿元,占全省林业总产值的 25.74%;林下养殖、林下产品采集加工迅速发展,仅野生食用菌年产量就突破 12 万 t,总产值达 80 余亿元,成为云南省第二大出口创汇农产品;石斛种植面积超过 $6666.67hm^2$,年产石斛产品超过 9000t,经营加工企业近 200户;草果种植面积达 8.67 万 hm^2,产量达 3.4 万 t,产值近 10 亿元;中药材种植面积达 21.79 万 hm^2,产值达 173.1 亿元,中药材初加工产值达 84.6 亿元,形成"文山三七"、"昭通天麻"、"龙陵石斛"等一大批云南特色中药材品牌,全省认定和培育"云药之乡"56 家、中药材良种繁育基地 103 家、中药材种植(养殖)科技示范园 144 家;全省生产茶等林产饮料 51.18 万 t,林产调料 6.89 万 t,森林食品 62.4 万 t。云南省积极打造西双版纳、高黎贡山、白马雪山、玉龙雪山、泸沽湖等自然保护区,并打造以亚洲象、滇金丝猴、黑颈鹤、长臂猿等物种资源为保护利用对象的旅游品牌,实现林业旅游业产值 68.48 亿元。同时,全省林业企业超过 3 万户,其中,国家级林业产业龙头企业为 10 户,省级龙头企业为 703 户,带动农户近 500 万户,年销售收入过亿元的接近 60 户,实现销售总收入 354.44 亿元;涉及林下经济产业的共 499 户,涉林企业共获得省级名牌产品认定 43 个,注册商标达 900 余个;省级林下经济示范基地 109 个,涵盖特色经济林、森林旅游、观赏苗木、林下养殖、林下种植等。目前,云南省有

6 个县(或区,分别为思茅区、宜良县、南华县、凤庆县、玉龙县、泸西县)和 28 家企业被认定为"服务精准扶贫国家林下经济及绿色产业示范基地"(附录 2)。

在某种意义上,云南省贫困地区人口已经将林下资源利用作为当地实现农民增收致富的"聚宝盆",其中林下种植(采集)野生菌的致富效果尤为明显。例如,位于大理州剑川县的象图志磊农产品种植有限公司,成立于 2013 年 5 月,注册资本为 300 万,主要采取"公司 + 合作社 + 基地 + 建档立卡贫困户"的发展模式,同时,积极与科研院所开展科技合作,从而有效地实现了仿野生林下中药材种植的规模化、标准化。该公司种植中药材超过 333.33hm²,覆盖建档立卡贫困户的 102 户,种植用工超过 13 万人次,有力地解决了当地农民的就业问题,2012~2016 连续 4 年实现当地药材种植农户年人均收入达 2.7 万元。此外,位于普洱市宁洱县的宁洱通达中药材种植专业合作社成立于 2011 年 1 月,注册资本为 510 万元,主要采取"合作社 + 建档立卡贫困户"的发展模式。充分利用丰富的松林资源,种植松茯苓,2016 年产鲜茯苓 1579t,实现收入 1200 万元,带动 800 户农户发展茯苓种植,户均增收 1.5 万元。该合作社与当地 145 户建档立卡贫困户、551 人签订了茯苓种植协议,以合作的方式创造收益,发放茯苓菌种 32.1 万袋,投入资金 95.1 万元,无偿提供种苗和技术服务,收购建档立卡贫困户的鲜茯苓 390t,收入达 300 多万元,建档立卡贫困户中年收入最高的达 12 万元。上述公司、合作社的运行模式,有力地推动了当地贫困农户依靠林下经济优势解决贫困问题的进程,林下产业已成为广大贫困地区林农脱贫致富的重要发展模式。

4.2　云南省林下产业扶贫的潜力

4.2.1　丰富的林业资源蕴含着巨大的开发潜力

云南省拥有适宜于不同海拔、温度等条件下生长的众多植物种类,拥有诸多优良、速生、珍贵的树种,同时,省内药用植物、香料植物以及观赏植物等植物品种具有较好的适生性特点。因此,云南省历来就有"植物王国"、"药物宝库"、"香料之乡"、"天然花园"之称。截至 2017 年底,全省共有自然保护区 161 个,其中,国家级自然保护区 21 个,省级自然保护区 38 个①。由森林生态系统、内陆湿地和水域生态系统、野生动物、野生植物、地质遗迹和古生物遗迹等类型构成的自然保护区总面积达 286.41 万 hm²。同时,根据云南网报道,

---

① 数据来源:云南省人民政府 2018 年发布的《云南省地方级自然保护区调整管理规定》文件。

云南省被纳入评估的国家级、省级自然保护区 2018 年提供的森林生态服务价值达 2129. 35 亿元，较 2010 年的评估结果增加了 120. 33 亿元，其中，自然保护区每年每公顷的森林生态服务价值达 13. 02 万元，是云南省平均森林生态服务价值 4. 26 万元的 3. 1 倍。

此外，根据上述评估结果，云南省自然保护区的森林覆盖率已经达到了85. 17%，其每年涵养水源和保育土壤这两类生态服务价值分别为 623. 45 亿元和 384. 99 亿元。同时，自然保护区中森林每年涵养水源量为 68. 81 亿 m^3，森林每年固土量高达 1. 9 亿 t，有效地减少了土壤中氮、磷、钾以及有机质的流失。因此，自然保护区不仅具有重要的生态服务价值，也对促进地方经济发展具有重要作用。位于自然保护区内的诸多森林资源，为人类提供了如食品、医药和工农业生产等所需的原料，同时，也对空气净化、灰尘吸收、氧气产生、噪音消除以及气候调节、防风减灾、涵养水源、水土保持和生物多样性保护等发挥着巨大作用。自然保护区所具有的森林生态服务价值对实现贫困地区进一步提高经济增量和生态建设发挥着重要作用，数量及类型众多的自然保护区为云南省进一步利用林业资源来提高贫困地区的经济发展提供着重要资源基础。

4. 2. 2　林下产业发展可持续性强

由林下经济衍生出的林下产业，按照其利用的林分类型不同，可以分为林中产业、林上产业等。建立完善的林下产业发展模式的前提，是拥有较好的自然资源、气候条件以及水利土壤条件等，而云南省贫困地区多位于山区，具有较好的森林自然资源和充沛的降水资源，再结合其自然土壤条件，可以看出云南省具有发展林下产业非常优秀的条件。林下产业的发展具有较强的"可持续"性，可以有效实现贫困地区的"造血"功能，更好地实现经济腾飞。

由于林木的生长具有较长的周期，故林下产业的发展需充分依据当地资源情况，根据其发展特点，开展种植业、养殖业以及旅游业等。充分结合产业链的发展特征，利用种植业带动养殖业、旅游业的发展，更好地发挥林业主导经济的作用，打造以林业主要产品为经济增长点、推进林下产业全面发展的经济模式，更好地助推第一、第二乃至于第三产业的融合发展。同时，林下产业的发展对于资金的投入要求不是很高，更多的是对当地土地、气候以及林业资源的要求，因此，应更好地对上述资源进行合理配置，更好地推进农业、林业、畜牧业、工业等多方面的经济发展。传统的农业观点认为，农、林植物在生长过程中存在着一定的竞争关系，共同生长对其生长产出均存在着不良影响，然而，林下产业是基于不同农、林植物生长发育特点，根据其对气候、环境、阳光以及水分的利用条件不同，通过整合配置，最大限度上利用自然条件，更好地提高经济产出的一种产业模式。因此，对于云南省广大的贫困地区而言，大力发展林下产业不仅有助于更好地实现资源的充分利用，而且对于进一步提高经济收入、改善生活条件也具有重要的意义。

5

云南省林下产业扶贫典型案例分析

5.1 案例村自然禀赋

本研究选择三河村作为案例村，该村位于怒江州泸水市鲁掌镇南部，地处高黎贡山深处，主要呈现以傈僳族、汉族为主，白族、景颇族小杂居的特点。2017 年，全村辖有 12 个村民小组，农户 402 户 1328 人。该村国土面积为 $67km^2$，平均海拔为 1453m，年平均气温为 16.7℃，年降水量为 1342mm，适合种植各类农作物、经济林木和中药材（图 5-1），也适合养殖土鸡、牛、羊、淡水鱼类等。其中，有耕地 $244.47hm^2$，林地 $4000hm^2$，人均林地面积为 $2.67hm^2$，人均集体林面积为 $0.35hm^2$。经济林木主要为核桃、花椒、草果，特色种植植物有刺笼包、重楼等。2017 年，全村经济总收入达 1041.5 万元，农民人均纯收入达 7564 元。

该村国有林面积为 $737.6hm^2$，集体商品林面积为 $2956.2hm^2$，公益林面积

图 5-1　林下种植情况

为 275.8hm²，2002～2004 年退耕还林面积为 9.49hm²，新一轮退耕还林面积为 149.37hm²，种植核桃面积为 777.51hm²，草果面积为 811.67hm²。2017 年，该村核桃产量为 80t，产值达 80 万元；草果产量为 450t，产值达 765 万元。

5.2 案例村林下产业发展状况

5.2.1 基本情况

为了更好地明确案例村林下产业的发展情况，本研究团队于 2017 年 8 月赴泸水市三河村开展调研（图 5-2），共发放 50 份问卷（附录 4），收回 49 份，有效率为 98%。有效问卷中涉及 49 户、139 人，其中包括建档立卡贫困户、非建档立卡的生活贫困户、五保户等贫困群体。被调查者的男女比例基本持平，年龄以 16～44 岁为主，傈僳族人口居多，文化程度基本在中学学历及以下，大多数被调查者为普通农民，139 人中有 97.84% 的人购买了医疗保险，89.21% 的人购买了养老保险（表 5-1）。

图 5-2 案例村实地调研

表 5-1 被调查者的基本情况①

项目	选项	人数（人）	比例
性别	男	74	53.24%
	女	65	46.76%
年龄	16 岁以下	30	21.58%
	16～44 岁	65	46.76%
	44 岁以上	44	31.65%

---

① 数据来源：通过对实地调研、座谈以及调查问卷结果进行数据整理、分析而得。如无特殊说明，下同。

（续）

项目	选项	人数（人）	比例
民族	汉族	55	39.57%
	傈僳族	81	58.27%
	其他	3	2.16%
文化程度	小学及以下	42	30.22%
	中学	82	58.99%
	大专	13	9.35%
	本科及以上	2	1.44%
社会身份	村干部	2	1.44%
	教师医生	4	2.88%
	村民代表	3	2.16%
	普通农民	123	88.49%
	其他	7	5.04%
社会保障	医疗保险	136	97.84%
	养老保险	124	89.21%

5.2.2 林下产业经营情况

云南省广大的贫困地区均具有较为丰富的林地资源，在林地上大力发展林下产业有助于提高当地经济收入、增加当地林地利用率。对案例村开展的调研中，所占比例为61.87%的受访者认为："在条件允许的情况下愿意扩大林下产业经营规模"；而38.13%的受访者不愿意扩大规模，主要原因是缺乏资金或林地，没有办法继续扩大。有45.33%的人对林下产业发展持看好的态度，仅有7.91%的人非常不好看林下产业发展，该现象说明林下产业发展潜力巨大，但受到传统农林业发展容易受到环境影响的思想限制，并不是全部受访者都愿意发展林下产业。

在贫困户发展林下产业的过程中，23.74%的受访者表示遇到了缺少资金的难题，19.42%的受访者则认为缺少技术是阻碍他们发展林下产业的主要因素，此外，缺少劳动力、销路、基础设施、自然资源、好项目也是影响贫困户发展林下产业的因素。基于此，31.65%的受访者最想得到的是资金支持，24.46%的受访者则想得到技术支持，17.27%的受访者想在人才方面获得一定的支持从而更好地发展林下产业；同时，诸如市场支持、信息支持、政策支持等因素也是进一步保障林下产业发展的重要条件。值得关注的是，所占比例为38.85%的受访者认为农户自身发展是最有效的组织形式，20.14%的受访者更愿意相信在企业的带动下能更有效地发展林下产业，村集体、合作社、县（乡）政府牵头开展林下产业的组织形式受到了绝大多数受访者的认可（表5-2）。

表5-2　受访者关于林下产业经营方面的意愿

问题	选项	所占比例
是否愿意扩大经营规模	是	61.87%
	否	38.13%
对林下产业发展前景的态度	非常看好	17.27%
	比较看好	28.06%
	一般	30.22%
	不太看好	16.55%
	非常不看好	7.91%
林下产业发展中遇到的困难	缺少资金	23.74%
	缺少技术	19.42%
	缺少劳动力	18.71%
	缺少销路	11.51%
	缺少基础设施	10.79%
	缺少自然资源	8.63%
	缺少好项目	7.19%
林下产业发展中期望的支持	资金支持	31.65%
	技术支持	24.46%
	人才支持	17.27%
	市场支持	4.32%
	信息支持	10.07%
	政策支持	12.23%
林下产业发展中的组织形式	农户	38.85%
	企业	20.14%
	村集体	17.99%
	合作社	12.95%
	县（乡）政府	10.07%

5.2.3　组织形式开展情况

一般而言，林下产业的发展，其有效的组织形式主要有林业合作社和企业引导等。调研发现，有高达67.35%的受访者知道当地有合作社组织，并积极参加合作社；而有10.20%的受访者并不清楚本地是否有合作社。这说明林业合作社这一新型经营主体尚未完全进入林农心中，其宣传力度和带动作用有待加强。同时，受访者中绝大多数均接受过诸如生产、科技、运销、加工以及贷款等服务，所占比例分别为 16.67%、27.38%、11.90%、13.10% 和 16.67%，未接受过任何培训的比例仅为 14.29%，这说明当地林业合作社对于林农的带动性产生了较大的引领作用，提供的服务较多且种类丰富，有效地实现了专业合作社带动经济发展的初始目标，较好地推进了扶贫效果的实现。有高达28.43% 的受访者期望合作社在资金方面给予他们一定的帮助，同样，29.41%的受访者更愿意在技术指导方面获得一定的支持，该情况充分反映出当前林农在发展林下产业方面所欠缺的两大重要内容，相关部门有待加强资金、技术的扶持力度，从而更好地促进林下产业的发展。就"对合作社满意程度"的调查分析，发现83.67% 的受访者对合作社的运作模式满意，该结果对于肯定林下产业专业合作社促进经济发展的积极作用以及总结带动农户脱贫致富的成功经验具有非常重要的意义。此外，就目前较为通用的"企业＋合作社＋贫困户"的扶贫模式，受访者显然对此表示陌生，超过半数的受访者并不清楚是否有企业入驻合作社，也不清楚企业所发挥的作用，因此，上述扶贫模式有待进一步强化宣传力度，才能更好地促进其发挥重要的引领作用。有 38.78% 的受访者选择"企业＋农户"的经营模式，该模式明显有助于将企业的先进技术直接应用于农户，也得到了农户的认可。然而，缺少规模化的种植以及有组织性的生产，就会造成生产少需求多、生产多需求少的混乱局面，严重挫伤农户开展生产的积极性，因此，采用"企业＋合作社＋农户"是目前比较通用的林下产业发展方式。就企业给予农户的支持或者农户期望企业的帮助而言，各选项所占比例基本一致，并未有明显的集中性意愿反馈，因此，未来林下产业发展应积极引领企业提高与合作社、农户之间的沟通交流，更好地明确农户所需，更好地推动经济的发展（表5-3）。

表5-3　受访者关于林下产业组织形式方面的意愿

问题	选项	所占比例
是否有合作社组织	有	67.35%
	无	22.45%
	不清楚	10.20%
合作社提供的服务	生产服务	16.67%
	科技服务	27.38%
	运销服务	11.90%
	加工服务	13.10%
	贷款服务	16.67%
	无具体服务	14.29%

（续）

问题	选项	所占比例
期望合作社的帮助	资金扶持	28.43%
	技术指导	29.41%
	产品销售	9.80%
	人才培训	11.76%
	市场推广	12.75%
	信息服务	7.84%
对合作社的满意度	非常满意	26.53%
	比较满意	22.45%
	一般	34.69%
	不太满意	12.24%
	非常不满意	4.08%
是否有企业入驻	有	8.16%
	无	36.73%
	不清楚	55.10%
企业合作的经营模式	企业＋农户	38.78%
	企业＋基地＋农户	6.12%
	企业＋合作社＋农户	18.37%
	其他	36.73%
企业给予的支持	资金支持	14.29%
	技术支持	18.37%
	人才支持	8.16%
	市场支持	20.41%
	信息支持	14.29%
	其他	24.49%
期望企业的帮助	资金扶持	30.61%
	技术指导	18.37%
	产品销售	14.29%
	人才培训	8.16%
	市场推广	14.29%
	信息服务	14.29%

5.2.4 技能培训开展情况

对贫困地区而言，提高贫困人口的思想意识，从内因出发是解决贫困问题的关键，而通过近些年对扶贫经验的总结，发现对贫困人口开展相关技能的培训有助于更好地发挥其主人翁意识，更好地破解贫困问题。实地调研发现，受访者中77.55%的农户愿意接受相关技能的培训，当然，也有一部分人表示因为没时间或精力而不愿意接受相关培训，该状况应引起有关部门的重视。被调查者中有59.18%的农户表示已经接受过相关培训，满意度比较高，非常满意、比较满意、一般满意的总比例为89.80%。强化培训力度以及增加培训内容落地性，可以较好地提高当地农户的知识和技能水平，有效地促进当地经济的发展。同时，就"希望得到什么培训"而言，有48.98%的受访者表示希望获得技术方面的培训，所占比例居首位，表明农户对于培训内容更多的关注点在于落地性、可操作性，可以更好地解决其在林下种植、林下养殖等过程中面临的实际问题。不可否认，农户自身的意识水平直接决定着其行动，调查中也发现影响农民积极参与培训的因素，尤以个人重视程度所占比例最高，为42.19%（表5-4）。因此，政府组织开展农户技能培训时，应注意培训内容的落地性、可操作性以及实用性，同时，应加大对于相关政策、法律法规的宣传力度，从而较好地帮助农户实现学以致用，切实解决生产过程中所面临的问题，更好地助推当地经济的提升，实现脱贫致富的目标。

表5-4 受访者关于技能培训方面的意愿

问题	选项	所占比例
是否愿意接受相关培训	是	77.55%
	否	22.45%
是否参与过相关培训	是	59.18%
	否	40.82%
培训效果评价	非常满意	42.86%
	比较满意	30.61%
	一般满意	16.33%
	不太满意	8.16%
	非常不满意	2.04%
希望得到的培训	技术类培训	48.98%
	经营管理类培训	18.37%
	市场开拓类培训	18.37%
	销售渠道和方式培训	6.12%
	其他	8.16%

（续）

问题	选项	所占比例
影响农民参与培训积极性的因素	个人重视程度	42.19%
	培训内容	21.88%
	培训方式	6.25%
	培训地点	9.38%
	培训时间	7.81%
	培训作用	7.81%
	其他	4.69%

5.3　案例村贫困状况及产生原因

5.3.1　贫困状况

2014～2018 年，案例村中共有建档立卡贫困户 94 户、296 人，贫困人口主要集中在腊思地、亚表洛、湾转河、砣砣寨 4 个自然村。实地调研中获悉，2018 年，只有 5 户、20 人未退出建档立卡贫困户，贫困发生率下降至 1% 以内。在现有的建档立卡贫困户中，均已实施了居住危房的改造工程，贫困户均已享受了脱贫攻坚中的惠民政策和项目扶持，从而他们的贫困状况得到改善。

云南省经过多轮大规模的扶贫开发工作，有效地解决了贫困地区基础设施落后等问题。实地调研中发现，受访者中绝大多数对于自身的居住条件、出行情况以及生活情况表示满意（表 5-5），具体表现为：73.47% 的受访者对居住条件表示满意，44.90% 的受访者表示出门为水泥路，67.35% 的受访者是将生活污水排放到院外沟渠中。尽管如此，在开展对于"最主要的炊事能源"的调研中发现，有 41.07% 的家庭仍采用较为原始的炊事能源，如柴草、木炭等，没有使用沼气、液化石油气、天然气等新型能源，说明该地区生活水平尚有待进一步提高。在扶贫开发中把"两不愁、三保障"始终作为重要的基础目标来实施，在实现基础目标后，在有条件的地方应着力提高贫困户的生活品质，特别是对于能源的使用，应逐步向新型能源转变，有力地改善贫困地区农户的生活状况。同时，受访者中未采用管道排污的方式处理生活废水且随意排放废水的比例为 24.49%（表 5-5），因此，政府相关部门应强化环境改善方面的垃圾处理、废水处理方式的宣传力度，从而有力改善贫困地区农户的居住环境。

表 5-5　受访者对于自身生活状况的认知情况

问题	选项	所占比例
对居住条件的满意度	非常满意	30.61%
	比较满意	26.53%
	一般满意	16.33%
	不太满意	14.29%
	非常不满意	12.24%
入户路类型	泥土路	28.57%
	砂石路	14.29%
	水泥路	44.90%
	柏油路	12.24%
最主要的炊事能源	柴草	41.07%
	木炭	1.79%
	电	57.14%
生活垃圾的处理	送到垃圾池	16.33%
	定点堆放	36.73%
	随意丢弃	12.24%
	自家焚烧	34.69%
生活污水的排放	排到家里渗井	6.12%
	院外沟渠	67.35%
	随意排放	24.49%
	其他	2.04%

5.3.2　贫困产生的原因

案例村距鲁掌镇政府所在地 29km，到鲁掌镇的道路多为土路、山路，同时，距怒江州府所在地泸水市 21km，上述交通条件有待进一步改善。对于平原地区而言，上述距离并不算长，然而，对于地处大山深处的三河村而言，由于人力、物资等方面的原因，造成公路基础设施的修建成本普遍较高，从而造成当地农户的生产成本和建设成本均较高，使得该地区的扶贫成本相对较高。此外，对该村的实地调研中发现，造成其贫困的原因主要以自然条件、社会发展程度为主。气候环境相对恶劣，该地区经常性地发生泥石流、干旱以及洪涝等自然灾害，而农户自身抵御风险的能力较弱，自然灾害的发生给当地农户的生产生活带来了巨大的损失。同时，大多数贫困户思想观念尚比较落后，对于未来的生产生活持观望者态度的人居多，"等、靠、要"的思想较为严重。在走访座谈中，发现多数受访者过度依赖政府或社会的救助，容易安于贫困现状，内生发展动力不足，难以享受现代经济发展带来的红利。此外，实地调研中发现，案例村农民的受教育水平普遍较为低下，学历为初中以下的受访者占总人数的90%，接受过各种技术培训的农民较少，他们严重缺乏科学生产技术、技能和经营管理知识，生产出来的产品达不到优质、安全、高效的要求，市场占有率极低。适龄劳动力的缺乏以及家庭成员重大疾病的发生也是造成案例村贫困的原因之一。

5.4 案例村扶贫措施及成效

5.4.1 扶贫措施

三河村依托本地区所具有的生态、区位、民族文化三大优势，提出以农民增收为核心，以生态旅游、生态农业为载体，推广"四种林下模式"（"林—菜"、"林—药"、"林—草"、"林—畜"），创建"五大品牌"（即生态旅游、三河核桃、三河草果、三河生态鸡、三河重楼）的脱贫路径。其在具体扶贫开发方面采取了贫困户安居工程、产业发展促进贫困户增收工程、贫困户家庭适龄儿童教育、贫困户社会保障、退耕还林等生态保护补偿、贫困户技能培训六大方面的措施（图5-3），具体内容如下。

（1）贫困户安居工程

在贫困户安居工程方面，按照户均不低于3万元、信用社贷款户均5万元的标准进行扶持，实施农村抗震安居工程建设，改善了78户村民的居住条件；同时，采取统规联建的方式，实施美丽宜居乡村建设项目26户（均为建档立卡贫困户），目前已全部完工并入住。通过实施这两项工程，实现重点帮助建档立卡贫困户拥有稳定的居住环境。

（2）产业发展促进贫困户增收工程

在产业发展促进贫困户增收工程方面，一是积极发展林下经济，其中林下种植产业发展总投资为147万元。种植魔芋，发放籽芋16.67hm^2，总投资25万元；种植厚朴，发放一年生实生苗13.33hm^2，总投资4万元；种植刺笼苞，发放一年生实生苗7.33hm^2，总投资11万元；种植重楼，发放块茎3.33hm^2，总投资50万元；种植云木香，发放云木香籽种6.67hm^2，总投资2万元；草果提质增效13.33hm^2，总投资10万元；核桃提质增效26.67hm^2，总投资20万元；种植生态蔬菜10hm^2，总投资15万元。林下养殖产业发展总投资95万元，发放能繁母猪105头，总投资21万元；扶持养殖本地优良土鸡品种20000羽，总投资40万元；发展黑山羊养殖，发放母羊200只，总投资20万元。二是重点帮助建档立卡贫困户发展洋丝瓜、生态蔬菜、魔芋、荞麦等 4 个种植项目和生猪、黑山羊、土鸡、商品鹅 4 个养殖项目，共计发放能繁母猪 80 头、商品猪 293 头、黑山羊 179 只、鸡苗 16060 羽、荞麦种 5000kg、大蒜 3600kg、魔芋种 2.67 万 kg。实现建档立卡贫困户全覆盖，每户至少享受一项以上项目扶持。三是通过生态鸡和高黎贡山猪两个养殖项目，分别带动 54 户和 30 户建档立卡贫困户。四是通过打造村级电子商务服务点平台建设，培养电商发展带头人，进一步拓宽销售渠道，打开销售市场，推进电商扶贫。五是加快成立农民专业合作社，采取"合作社 + 基地 + 农户"的产业化经营模式，集中带动贫困户抱团增收，增强贫困群体的"造血"能力，实现长期可持续发展。

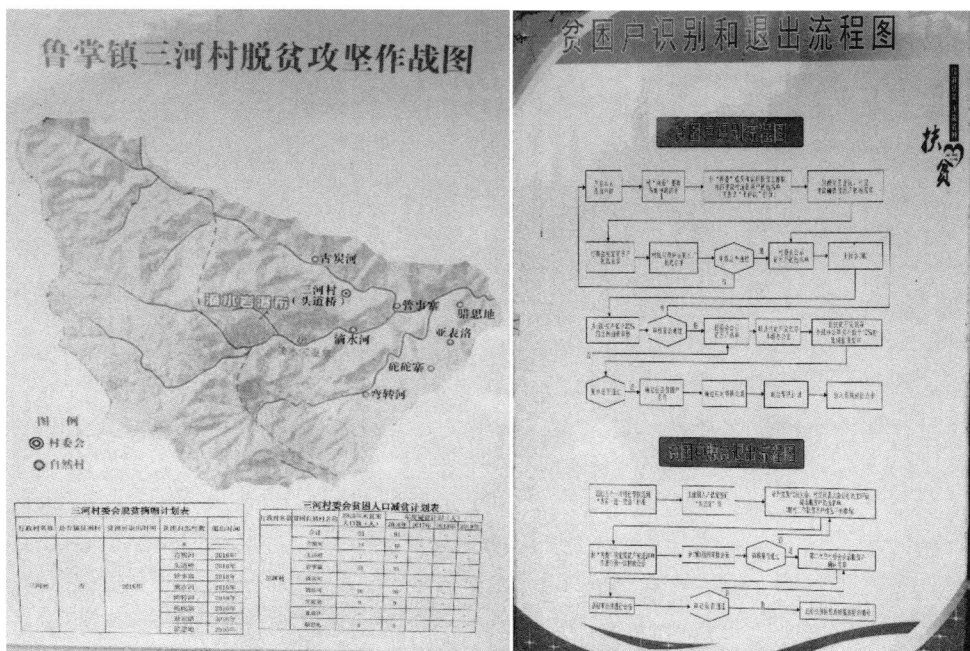

图 5-3　三河村扶贫工作开展情况

（3）贫困户家庭适龄儿童教育

在贫困户家庭适龄儿童教育方面，一是依托鲁掌镇教育协会制定的教育奖励措施，每年对考取大学的学生进行一次性奖励与资助，村委会与挂联单位给予适当资助。二是积极推进中小学生的控辍保学工作，截至 2018 年，适龄儿童中无辍学人员。

（4）贫困户社会保障

在贫困户社会保障方面，一是对无劳动能力、无生活来源、无法定赡养抚养义务人或法定义务人无法履行义务的特困人员，采取民政保障兜底措施。二是进一步加强全村低保政策落实，做到应保尽保、分类施保，并且加强农村合作医疗、养老保险等政策的落实，实现养老保险和合作医疗参保率达100%。

（5）退耕还林等生态补偿

在退耕还林等生态保护补偿方面，在增收上做到资源开发与生态保护相结合，走生态扶贫的道路，做好低效林改造，国家、省级公益林建设，实施2017年度新一轮退耕还林项目，完成退耕还林149.77hm²、还草26.67hm²，总投资303.98万元。

（6）贫困户技能培训

在贫困户技能培训方面，大力开展农村实用技能培训。每年开展两期核桃提质增效培训、一期蔬菜丰产增收培训、一期烹饪技能培训和一期建筑施工培训。同时按照市政府统一安排，加大宣传力度，加强劳务输出，广泛动员辖区内有能力的年轻人外出务工。2017年内实现劳务输出11人。

5.4.2 扶贫成效

三河村经过几年的扶贫工作，取得了较好的扶贫成效。该村从实际出发，成立了草果、刺笼苞等专业合作社，解决了群众发展种植业的后顾之忧。2017年，户均草果年收入19029元，人均年收入5760元，成为远近闻名的"草果村"。2013年，该村被评为"省级生态文明村"。

同时，该村积极调整产业结构，大力培育生物特色产业，实行梯次开发，在山坡地种植核桃、花椒、楤木，在河畔、洼地、林下种植草果，并大力推行林农牧复合生产，大大提高了土地利用率和产出率。截至2017年底，累计种植泡核桃900hm²、草果811.67hm²、花椒33.33hm²、茶叶10hm²、重楼13.33hm²、刺笼包66.67hm²、林下养鸡10000多羽。全村经济林产业年收入达到870万元，加上粮食、畜牧收入，人均年收入突破7000元。

此外，三河村紧紧围绕创建"五大品牌"的发展思路，大力扶持三家有特色、有竞争力的民营企业及农民专业合作社。

（1）怒江州长柱重楼种植农民专业合作社（图5-4）

该合作社成立于2015年，有56户农民成员，主要经营长柱重楼种植、育苗培育及种植技术服务。2016年底，合作社与中科院西双版纳热带植物园签订了科研合作与成果共享协议书，目前投入资金100万元，种植面积1.2hm²，年产值达270万元，受益农户达315人，受益资金达2.5万元；2017年村集体经济入股合作社股金50万元，年底收到分红2.5万元，2018年收到分红3万元，2019年收到分红4万元。

图5-4　长柱重楼种植基地

（2）泸水市杨老七中药材种植林农专业合作社（图5-5）

该合作社于2013年成立，有成员农户70户，工作人员30人，主要经营重楼、核桃、草果等林下种植技术服务及产品加工，年生产加工及销售农副产品1550t，营业额达860万元，9个村民小组受益，共计268户、1150人，受益资金达35万元。

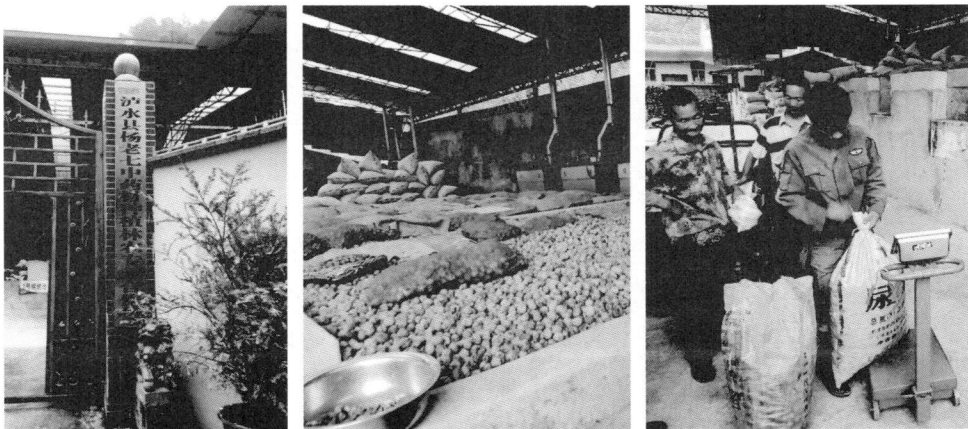

图5-5　杨老七中药材种植林农专业合作社

（3）怒江三河源林农科技开发有限责任公司（图5-6）

该公司于2014年成立，是一家集科研、生产、销售、技术服务于一体的规模化专业型农业科技公司，主要经营楤木种植育苗一体化、庄园及农产品加工和服务三农新型建材三块业务。现有刺龙苞育苗基地0.67hm²，培育有可供栽种的3年优质刺龙苞种苗20万株，已建成26.67hm²楤木种植推广示范基地，已累计带动农民种植近66.67hm²，可带动农户80户、260人，受益资金达5万元。目前，该公司已经围绕刺龙苞深加工开展一个工厂、一个展示中心、一个集散交易中心的建设工作，引进了一套露酒生产线、一套茶叶生产线，建立了专业现代式烤房和冷冻冷藏库，并通过了环境保护评价，获得了有机认证。调研时，该公司正在申请食品企业 SC 认证。

图 5-6　刺龙苞基地及庄园效果图

近些年，扶贫项目全部覆盖了鲁掌镇三河村的 10 个自然村、12 个村民小组，受益农户达 420 户、1312 人，其中，建档立卡贫困户达 30 户、90 人。全村贫困人口数量减少，农民人均纯收入大幅提高，扶贫攻坚解困成效明显，农村生产生活条件得到极大改善，增收支柱产业逐渐形成。

就贫困人口的知识与技能培训而言，通过对贫困户进行劳动技能等培训，不断增强三河村贫困群众的自身发展及就业能力。近些年，各级政府组织始终把劳动技能培训作为贫困群众提高能力、转移就业、促进增收和脱贫致富的一条重要途径，按照"学以致用、学有所获、学有所成"的原则，较好地开展了贫困户新增劳动力、妇女、农村能人的培训工作，从而使贫困劳动力最终能够至少掌握一至两门实用技术，增强其外出打工的能力，拓宽其增收渠道。

就基础设施建设而言，当地的交通、水利等基础设施不断提升，已形成"一条干线、五条支线"的农村公路网络，8 个自然村都已经开通入村组的公路，公路总长达 44km，其中主干线达 14km，支线达 30km，已经硬化的公路有主干线的 14km 和支线的 22km。修建了 9 条水利三面光工程，实施扶贫安居工程 147 户并进行了人畜饮水工程、坡改梯、农村电网、农村小学、卫生所、村委会等基础设施建设，极大地改善了村容村貌。通过贫困村组道路建设，解决了 10 个自然村、12 个村民小组群众出行难的问题，有效地降低了运输及搬运成本，农户可在村内出售农产品。此外，通过实施太阳能热水器、节柴灶等村容村貌整治建设项目，使贫困村村容村貌和卫生环境得到极大改善。

就生态建设以及林下产业而言，三河村通过发展经济林果等生态建设，提高森林覆盖率，使项目区植被得到恢复，水土流失得到有效控制，野生动植物品种和经济林木品种得到增加,生态环境得到极大改善。三河村还依托森林景观优势,发展生态旅游业,现已发展4家"农家乐",2017年全村旅游纯收入达64万元。按照"因地制宜,突出重点"的原则,瞄准中药材、经济林果和高黎贡山猪、山羊、山地鸡等品种在市场上的发展空间,依托产业扶贫项目的实施,积极引导群众发展以云木香、厚朴等为主的中药材产业,以草果、核桃为主的种植产业(表5-6)和以高黎贡山猪、山羊、山地鸡等为主的养殖业(表5-7)。通过一系列产业项目的发展,中药材种植、经济林果种植及高黎贡山猪、山羊、山地鸡养殖等的收入已成为鲁掌镇贫困群众的主要经济来源。初步估算,仅产业发展项目的实施就覆盖农业人口420户、1312人,直接受益的建档立卡贫困户达78户、252人。

表5-6 三河村种植不同作物的收入情况

序号	作物名称	种植面积(hm²)	收益万元(hm²)	年均收入(万元)
1	魔芋	250.00	0.50	125.00
2	厚朴	13.33	6.00	80.00
3	刺龙苞	7.33	7.50	55.00
4	重楼	3.33	150.00	500.00
5	云木香	6.67	4.50	30.00
6	黄柏	33.33	9.00	300.00
7	柠檬	1.00	9.00	9.00
8	茶叶	13.33	3.00	40.00
9	生态蔬菜	10.00	4.92	49.20
10	草果(提质增效)	13.33	1.50	20.00
11	核桃(提质增效)	26.67	1.50	40.00

表5-7 三河村养殖不同动物的收入情况

序号	动物	初始规模(头、羽、只/hm²)	实施两年后规模(头、羽、只/hm²)	单位收入情况	收入(万元)
1	猪	105	840	0.08	67.2
2	山地鸡	20000	32000	0.003	96
3	黑山羊	200	800	0.07	56
4	淡水鱼	0.67	0.67	19.5	13

5.5　案例村扶贫工作中尚存的问题

5.5.1　经济发展及资金投入尚需进一步提升

　　案例村三河村下辖 8 个自然村，社会经济发展表现出不平衡性，总体上趋于"北富南贫"的格局。就"北富"而言，该地区有几个自然村具有先天优势，农户大多数是老住户，并且多是外来"客家人"的后代，生产观念较为先进，可利用的土地资源较好，加之靠近村中心和主干道，基础设施完善，发展产业起步较早，主要依靠种植核桃和草果等经济作物，部分农户的生活水平和住房条件已经提前达到了小康水平。就"南贫"而言，该地区与北部几个自然村社会经济发展水平差距比较明显，究其原因，主要体现在以下四个方面：一是土地肥力不足，农业生产投入大，收入低，严重制约着当地传统种植业的发展；二是产业单一，核桃种植起步较晚，且不具备大量种植的条件，零星种植的其他经济林形不成规模，严重影响着该区域的农户增收；三是交通状况不好，湾转河一组部分入户路还未硬化，雨季经常出现塌方；四是处于边远地区，居住分散，生产生活条件相对较差。

　　资金投入作为扶贫开发中较为有效的方式，为目前发展林下产业提供着重要保障。一般而言，发展如林下中药材种植、林下养殖以及林下产品加工等林下产业，前期都需要投入大量资金。然而，贫困户可用于发展林下产业的资金是有限的，且贫困户抵抗市场风险的能力也是不足的，缺乏前期资金以及资金周转不开成为阻碍贫困户发展林下产业的重要因素，严重影响着林下产业这一扶贫方式的实施效果。从调查问卷结果以及访谈中可以看出（附录 5），当前各级政府以及企业对发展林下产业的专项资金投入还有待进一步提高，才能最大限度地满足林下产业的发展需求。此外，技术难题也是当前贫困户发展林下产业遇到的瓶颈之一，解决好林下产业发展过程中的技术难题将有利于林下产业扶贫开发的顺利进行。

5.5.2　思想观念及人居环境尚需进一步改善

　　调研期间，通过"走、访、看"案例村整体发展状况，发现部分农户生产生活方式尚有待进一步改善，主要体现在：一是缺乏精耕细作意识，房屋周边闲置土地较多，土地利用不充分，庭院经济发展滞后；二是部分农户思想观念落后，"等、靠、要"思想普遍，自我发展的愿望不强烈，自力更生的动力严重不足，缺乏对未来生活的谋划，满足于当下的生活状态，导致其对扶贫项目不感兴趣，特别是对猪、牛、羊等养殖项目并没有进行有效管理，导致养殖规模不能进一步发展扩大，贫困问题依旧存在。

林下产业扶贫开发属于产业扶贫的一种形式，需要贫困户发挥主观能动性，广泛参与林下产业的发展，才能发挥其应有的效用。然而，通过与当地扶贫主管部门的相关领导座谈，发现当地许多贫困户不愿意主动摘掉贫困户的帽子，严重阻碍了林下产业扶贫的有效开展。

通过实施农村危房改造和美丽宜居项目，案例村贫困户都有了安全稳定的住房，然而，尚存在着以下问题：一是迫于建房还贷压力和自身经济困难，部分农户的新居还缺乏日常生活的家具设施，居住条件一般；二是贫困户生活习惯依旧，入住新房后，贫困户家中照常是家具摆放不规整、服装收拾不整齐、卫生保洁不及时，院外照常是衣物随意到处晾晒、柴火和农具无序堆放、垃圾和污水随处可见；三是有的农户建新拆旧滞后，没有建造厕所，严重影响人居环境。

5.5.3 产业发展结构及扶贫项目尚需进一步优化

近几年，三河村主要发挥山多林多的优势，积极探索"山"字经、"林"字文，从而不断探索着"生态致富"的路径。核桃和草果种植一直是该村主要的产业，适应种植的地方已经做到应种尽种，扩大种植面积行不通，并且核桃、草果种植多依赖于自然气候，产量及价格处于不断变化之中，导致农户每年的收入出现波动。目前，三河村尚未形成其他新型优势产业，而传统种植、养殖产业劳动力需求大、风险高、经济效益低，且缺少明确的奖补政策，依靠农户自身发展，规模小、经营粗放，难以形成规模化、集群化的现代化产业发展格局。尽管整合了许多资金和项目，仍然没有充足的资金投入到偏远村用于完善基础设施建设和进一步开展旅游产业开发工作。比如，三河村水利建设严重滞后，全村虽然有三条河流，但绝大部分坡地引水工程建设难度大，没有水利灌溉设施，配套设施不完善，抵御自然灾害能力弱；交通路网结构不完善，通村公路等级低、质量差。

实地走访过程中发现，处于不同环境条件下的村落，其林下产业扶贫项目均一样，缺乏统筹规划及差异性的扶贫项目，更没有具体的产业布局，从而导致林下产业扶贫项目不能顺利开展。同时，林下产业扶贫缺乏实效性，就中药材种植而言，发展中药材产业有助于较好地推动当地贫困问题的解决。然而，中药材市场行情难以预测，价格波动大，信息难以把握。因此，林下中药材种植项目的实施应采取"企业＋专业合作社＋农户"的方式进行整体推进，把握好产业的布局，从而实现产出与需求的平衡，降低农户种植风险，提高农户种植的积极性，增加农户的收入。三河村林下产业扶贫项目尚缺乏针对性和时效性，该现象只是诸多扶贫地区的一个缩影，在精准扶贫背景下，如何更好地实现项目精准、高效，学术界有待对此进一步研究。

5.5.4 组织形式及扶贫工作队伍尚需进一步调整

多年的扶贫开发历程表明，有效的组织形式能较好地将政策落实，实现预期政策效果。根据问卷调查结果分析表明，案例村虽然多数贫困户参与了林业专业合作社，限于合作社的规模，其所提供的科技服务、资金支撑等方面表现有待进一步提高，同时，对于当地贫困问题的解决，其所发挥的引领作用有待进一步加强。此外，案例村尚缺乏大中型林业龙头企业的入驻，且当地龙头企业与农户的合作形式单一，企业可以给予农户的支持也比较有限，严重制约着当地林下产业的发展，严重影响着贫困户的脱贫效果。

值得关注的是，脱贫攻坚责任重大，扶贫工作队伍驻村时间以及队伍结构，均会对扶贫开发工作产生重要影响。实地调研发现，扶贫工作队伍中尚存在以下问题：一是干部需要离家驻村开展扶贫工作，存在着来自于自身困难以及家庭人员的不理解问题，会产生一定的抱怨等消极情绪，影响扶贫开发工作的开展；二是工作职责范围较广，造成诸多扶贫相关工作均由扶贫驻村工作队开展，增加了其工作负担，常造成顾此失彼，导致扶贫开发效率低下；三是所需填报的表格及汇报的工作材料繁多，需要应对的监督检查较多，以及诸多会议的干扰，严重影响着扶贫工作人员集中时间和精力开展扶贫工作，导致扶贫开发效果流于形式检查，严重影响了扶贫开发的成效。因此，如何更好地使扶贫工作队伍消除思想压力，集中精力和时间，专心于推进当地扶贫开发工作，提高扶贫开发效率，更好地实现扶贫开发效果，尚需进一步解决。

6

基于层次分析法的云南省林下产业扶贫绩效评价体系构建

6.1 评价指标体系的构建

6.1.1 指标体系构建的原则

建立科学有效的评价指标体系关乎评价结果的正确性，是评价工作的重要前提和基础。通过查阅文献发现，国内外对林下产业扶贫绩效评价指标的研究相对较少，对林业扶贫、旅游扶贫等产业扶贫的评价指标研究较多，基于此，本研究在充分借鉴前人相关研究的基础上[18]，考虑林下产业扶贫的特点，同时，结合相关专家、学者的意见，对评价指标进行反复筛选和调整，以构建科学、合理、客观的评价指标体系。

（1）全面性和典型性原则

林下产业扶贫是一个系统工程，扶贫绩效涉及经济、社会、生态等多方面效益，因此，在确定评价指标以及构建指标体系时，应充分考虑扶贫绩效的全面性，既要考虑林下产业扶贫给贫困户带来的经济效益，也要注意林下产业发展对社会发展以及生态环境的影响。同时，在选取指标时，应结合云南省林下产业发展的实际情况和云南省扶贫资源的有限性，确保选出的指标具有一定的典型性，能与当地的经济发展状况、自然社会环境相适应。

（2）科学性和独立性原则

评价指标的选取以及指标体系的设计应遵循科学性原则，既能真实客观地反映云南省林下产业扶贫的实际绩效，又能全面反映各指标间的关系。所选取的各指标应相对独立，一方面要避免指标过多过细、相互重叠、过于繁琐，才不会影响指标的赋权以及权重的确定；另一方面，指标也不应过少过简，避免重要信息的遗漏，出现不真实现象。

（3）可操作性和可量化性原则

可操作性和可量化性是指标选取和体系设计的重要原则。可操作性是指选取的指标应尽量简单明了、容易理解、微观性强、便于收集，能够被很好地处理。可量化性是指选取的指标能够被定量处理，以便于进行数学计算和分析。

6.1.2 评价指标的确定

根据评价指标体系构建的基本原则，结合相关文献资料，在咨询专家的基础上，基于云南省林下产业发展以及扶贫开发的实际情况，本研究筛选出包括扶贫成效等 3 个准则层，经济发展、林区建设、生态保护、贫困户增收可持续性、林下产业发展可持续性、生态建设可持续性、扶贫工作满意度、扶贫效果满意度 8 个指标层，以及人均年收入、人均林下产业扶贫资金投入等 29 个指标要素层（图 6-1），利用 AHP 层次分析法软件构建评价体系。

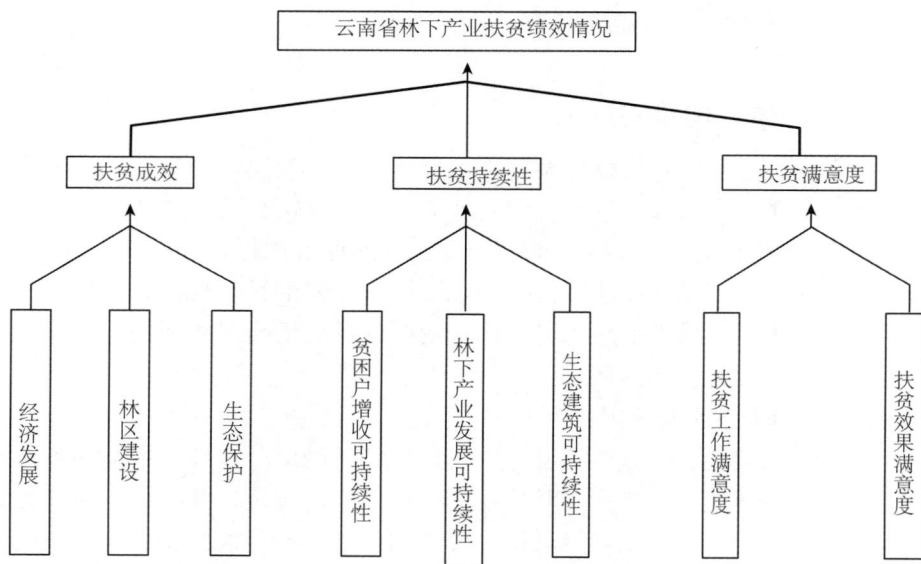

图 6-1 林下产业扶贫绩效评价指标

6.1.3 指标解释与选取依据

本研究选择扶贫成效 B_1、扶贫可持续性 B_2、扶贫满意度 B_3 作为准则层，每个准则层包含诸多指标，具体如下：

（1）扶贫成效 B_1 中涉及经济发展 C_1、林区建设 C_2、生态保护 C_3 等内容

①C_1 包括：a. 人均年收入 D_{11}。人均年收入是在一定范围内，家庭每人平

均的年收入，能很好地反映家庭的经济状况[215]，也是衡量林下产业扶贫中最直接的指标。b. 林下产业脱贫人口占全部脱贫人口比例 D_{12}。林下产业脱贫人口是指贫困户通过发展林下产业实现脱贫目标的人口；发展林下产业脱贫人口占比越高，说明林下产业发展对贫困户经济发展的贡献率越高。c. 人均林下产业扶贫资金 D_{13}。人均林下产业扶贫资金是贫困户发展林下产业重要的资金来源，人均扶贫资金越高，贫困户发展林下产业的积极性就越高，发展林下产业的可能性也越大。d. 林下产业收入占总收入比重 D_{14}。林下产业的收入占贫困户总收入的比例能反映林下产业的发展给贫困户带来的直接经济效益，因此将林下产业收入占总收入的比例作为衡量贫困户经济发展的评价指标。e. 林下产业经营带动贫困人口覆盖度 D_{15}。林下产业经营覆盖贫困户越多说明贫困户能通过发展林下产业实现脱贫的可能性越大，林下产业对贫困户经济的带动性越好。

②C_2包括：林区通电率 D_{21}、林区通水率 D_{22}、林区通公路率 D_{23}、林区信息化率 D_{24}。林区通电、通水、通公路、信息化比率的提高说明林下生产条件的改善，因此用林区通电率、通水率、通公路率、信息化率作为衡量林下产业扶贫在林区建设成效方面的指标[216]。

③C_3包括：a. 森林覆盖率 D_{31}。森林覆盖率是反映一个国家（或地区）森林资源和林地占有率实际水平的重要指标，也是一个国家（或地区）生态环境可持续发展的重要载体，因此，用森林覆盖率作为反映生态保护方面成效的指标。b. 林下产业的污水处理程度 D_{32}。林下产业在生产经营中会对周边的水资源（地表水以及地下水）造成一定的影响，造成的水污染程度越深，说明林下产业扶贫对生态环境造成的影响越恶劣。c. 林下产业的生产垃圾处理程度 D_{33}。林下产业在生产过程中会产生一定的垃圾，如林下旅游过程中游客留下的垃圾等，垃圾产生的污染程度越深，说明林下产业扶贫对生态环境造成的影响越恶劣。d. 林下产业对土壤或植物的保护程度 D_{34}。林下产业的发展势必会影响到周边土壤或植物的生态完整性，因此，用林下产业对土壤与植被的保护程度反映产业发展对生态的影响。

（2）扶贫可持续性 B_2 中涉及贫困户增收可持续性 C_4、林下产业发展可持续性 C_5、生态建设可持续性 C_6 等内容

①C_4包括：a. 贫困户参与林业合作社的比例 D_{41}。林业专业合作社能为贫困户提供林下产业种植方面的技术指导，并且为贫困户顺利销售林下产品提供渠道[217]，真正帮助贫困户发展林下产业，参与林业合作社的贫困户越多，说明贫困户获得的相关支持越多，也就反映出越多的贫困户具有较强的发展能力。b. 贫困户参与林业龙头企业的比例 D_{42}。林业龙头企业能整合贫困户的资源，将林下产业形成规模化经营，进一步提高林下产业的扶贫效率，同时提升贫困

户的发展能力，因此，用贫困户参与林业龙头企业的比例反映贫困户发展林下产业的能力。c. 贫困户家庭青年劳动力比重 D_{43}。贫困户家庭中青年(16～44岁)是主要劳动力[218]。一个贫困户家庭中青年劳动力所占的比重就越高，这个家庭增收的可持续性越强。d. 贫困户家庭劳动力平均受教育水平 D_{44}。一般而言，贫困户的思想观念取决于其接受教育的程度[219]，同时贫困户的教育程度也将影响其专业培训的接受程度，进而影响扶贫的可持续性，因此，本研究假定贫困户的平均受教育水平越高，其思想观念表现越积极，接受专业培训的程度相对较高，发展能力也相对较强。e. 贫困户接受林业相关专业知识培训的比例 D_{45}。缺乏专业技术知识是阻碍贫困户发展林下产业的主要障碍，也是影响扶贫可持续性的主要因素[220]，贫困户发展林下产业过程中接受林下产业相关专业知识培训的次数越多，越有利于林下产业扶贫的推进，也更利于林下产业扶贫的持续性发展。

②C_5包括：a. 贫困户对林下产业发展前景看好的比例 D_{51}。发展林下产业存在很多不可预见的风险，如林下中药材的市场价格波动大，很多贫困户对林下产业的发展前景不太看好，这将严重影响林下产业扶贫的可持续性。b. 贫困户愿意扩大林下产业规模的比例 D_{52}。贫困户扩大林下产业的规模将有利于推进林下产业扶贫的进一步发展，更好地提高贫困户的收入能力，也将有利于林下产业扶贫持续进行。c. 贫困户愿意增加林下产业投入资金的比例 D_{53}。贫困户可将资金用于多种产业的发展，而用于林下产业发展的比例越高，反映出贫困户发展林下产业的意愿越高。

③C_6包括：a. 贫困户新能源使用率 D_{61}。贫困户在生产生活过程中经常使用柴草、煤炭、薪材等污染环境的能源，这样不仅会对环境造成影响，也不利于森林资源的保护，而新能源的使用能有效避免这种现象的发生，因此，本研究采用贫困户生产生活中新能源的使用率反映生态保护的可持续性。b. 贫困户对生态环境保护的重视程度 D_{62}。贫困户对生态环境保护的重视程度将直接反映出生态保护可持续性的进程。贫困户对生态保护重视度越高，说明生态保护的可持续越强。

(3)扶贫满意度 B_3 中涉及扶贫工作满意度 C_7、扶贫效果满意度 C_8 等内容

①C_7包括：a. 贫困户对林下产业扶贫政策的满意度 D_{71}。林下产业扶贫政策是开展林下产业扶贫的重要基础和保障，林下产业扶贫政策制定得越完善，落实得越到位，越有利于林下产业扶贫的顺利开展，因此，贫困户对林下产业扶贫出政策的满意度将直接反映出扶贫工作开展的情况[168]。b. 贫困户对林下产业扶贫项目的满意度 D_{72}。林下产业扶贫项目是开展林下产业扶贫的重要载体和手段[215]，贫困户对林下产业扶贫项目的满意度越高，说明项目越适合本地发

展，越能带动当地贫困户脱贫，从而反映出林下产业扶贫工作的效果。c. 贫困户对退出机制的满意度 D_{73}。扶贫资源的浪费很大程度上是因为贫困户的识别与退出机制不合理[221]，在识别退出中人为操纵或是贫困瞄准的不合理都将导致贫困户对退出机制的不满意，因此，贫困户退出机制是否公正公平，贫困户是否满意退出机制是衡量扶贫工作满意度的重要指标。

②C_8包括：a. 贫困户对林区生产条件的满意度 D_{81}。贫困户对林区产业生产条件的满意度是指贫困户对当前的基础设施条件能否满足林业产业生产的评价，贫困户对林区生产条件越满意，表明林下产业扶贫在改善林区生产状况方面越有效。b. 贫困户对林下产业发展的满意度 D_{82}。林下产业的发展在很大程度上能提高贫困户的经济收入，改善贫困户的生活状况，林下产业的发展状况在一定程度上可以较好地反映出林下产业扶贫效果的重要指标，因此，本研究采用贫困户对林下产业发展的满意度衡量扶贫效果的满意度。c. 贫困户对生态环境保护的满意度 D_{83}。林下产业的发展不仅能改善贫困户的经济状况，改善贫困区的基础建设水平，还能起到保护环境的作用，同时，生态环境的保护情况也是扶贫效果的反映，因此，本研究采用贫困户对生态环境保护的满意度来衡量扶贫效果的满意度。

6.1.4 指标量化与计算方法

在确定评价指标，并对各项指标进行解释和说明之后，应明确每个指标的量化方式以及计算方法，以便更好地对林下产业扶贫绩效进行客观、科学的评价（表6-1）。

表6-1 评价指标的量化与计算方法

序号	指标要素层	计算方法	单位
1	人均年收入 D_{11}	家庭年纯收入/家庭常住人口	元
2	林下产业脱贫人口占全部脱贫人口比例 D_{12}	林下产业脱贫人口/脱贫总人口×100%	%
3	人均林下产业扶贫资金 D_{13}	林下产业扶贫财政资金/总贫困人口×100%	元
4	林下产业收入占总收入比重 D_{14}	林下产业收入/总收入×100%	%
5	林下产业经营带动贫困人口覆盖度 D_{15}	林下产业带动贫困人口/总贫困人口×100%	%
6	林区通电率 D_{21}	林区通电的户数/被调查的贫困户总数×100%	%
7	林区通水率 D_{22}	林区通水的户数/被调查的贫困户总数×100%	%
8	林区通公路率 D_{23}	林区通公路的户数/被调查的贫困户总数×100%	%
9	林区信息化率 D_{24}	林区通互联网的户数/被调查的贫困户总数×100%	%
10	森林覆盖率 D_{31}	森林面积/土地总面积×100%	%

（续）

序号	指标要素层	计算方法	单位
11	林下产业的污水处理程度 D_{32}	对林下产业水污染的处理满意的贫困户数/被调查的贫困户总数×100%	%
12	林下产业的生产垃圾处理程度 D_{33}	对林下产业垃圾污染的处理满意的贫困户数/被调查的贫困户总数×100%	%
13	林下产业对土壤与植物的保护程度 D_{34}	对林下产业生产中土壤与植物保护程度满意的贫困户数/被调查的贫困户总数×100%	%
14	贫困户参与林业合作社的比例 D_{41}	参与林业合作社的户数/被调查的贫困户总数×100%	%
15	贫困户参与林业龙头企业的比例 D_{42}	参与林业龙头企业的户数/调查的贫困户总数×100%	%
16	贫困户家庭青年劳动力比重 D_{43}	年龄在 16~44 岁的劳动力人数/劳动力总人数×100%	%
17	贫困户家庭劳动力平均受教育水平 D_{44}	受访贫困户受教育年限总和/受访贫困户数量	年
18	贫困户接受林业相关专业知识培训的比例 D_{45}	接受过专业培训的户数/被调查的贫困户总数×100%	%
19	贫困户对林下产业发展前景看好的比例 D_{51}	对林下产业发展前景看好的户数/被调查的贫困户总数×100%	%
20	贫困户愿意扩大林下产业规模的比例 D_{52}	愿意扩大林下产业规模的户数/被调查的贫困户总数×100%	%
21	贫困户愿意增加林下产业投入资金的比例 D_{53}	贫困户用于发展林下产业的资金/用于发展产业的总资金×100%	%
22	贫困户新能源使用率 D_{61}	使用新能源的户数/被调查的贫困户总数×100%	%
23	贫困户对生态环境保护的重视程度 D_{62}	愿意投入时间、金钱等进行生态保护的贫困数/被调查的贫困户总数×100%	%
24	贫困户对林下产业扶贫政策的满意度 D_{71}	对林下产业扶贫政策满意的户数/被调查的贫困户总数×100%	%
25	贫困户对林下产业扶贫项目的满意度 D_{72}	对林下产业扶贫项目满意的户数/被调查的贫困户总数×100%	%
26	贫困户对退出机制的满意度 D_{73}	对退出机制满意的户数/被调查的贫困户总数×100%	%
27	贫困户对林区生产条件的满意度 D_{81}	对林区生产条件满意的户数/被调查贫困户总数×100%	%
28	贫困户对林下产业发展的满意度 D_{82}	对林下产业发展满意的户数/被调查的贫困户总数×100%	%
29	贫困户对生态环境保护的满意度 D_{83}	对生态环境状况的满意户数/被调查的贫困户总数×100%	%

6.2 基于层次分析法构建评价体系

6.2.1 建立判断矩阵

利用层次分析法中 1-9 标度法，通过专家咨询法，向来自中国林业科学研究院、北京林业大学、南京林业大学、浙江农林大学、东北林业大学、西南林业大学、沈阳农业大学、福建农林大学 8 所科研院校以及《世界林业研究》、《林业经济问题》等期刊的 30 位相关专家、学者发放问卷（附录 6），共收到 21 份有效问卷，来自 6 位教授、8 位副教授、7 位讲师，然后将各个专家的评价结果进行平均化处理，最终得到各层级之间的判断矩阵。利用层次分析法软件，整理和分析专家的问卷，得出判断矩阵（表 6-2、表 6-3）。

表 6-2　判断矩阵分析（$B-C$）

	B_1	B_2	B_3	C_1	C_2	C_3	C_4	C_5	C_6	C_7	C_8
B_1	1										
B_2	0.57	1									
B_3	0.30	0.28	1								
C_1				1							
C_2				0.41	1						
C_3				0.69	1	1					
C_4							1				
C_5							0.27	1			
C_6							0.44	0.88	1		
C_7										1	
C_8										1.20	1

表 6-3　判断矩阵分析（$D-D$）

	D_{61}	D_{62}	D_{71}	D_{72}	D_{73}	D_{81}	D_{82}	D_{83}	D_{23}	D_{24}	D_{31}	D_{32}	D_{33}	D_{34}	D_{41}	D_{42}	D_{43}	D_{44}	D_{45}	D_{51}	D_{52}	D_{53}
D_{11}	1																					
D_{12}	0.42	1																				
D_{13}	0.40	0.38	1																			
D_{14}	0.33	0.43	0.50	1																		
D_{15}	0.38	0.70	0.42	0.53	1																	
D_{21}						1																

73

（续）

	D_{61}	D_{62}	D_{71}	D_{72}	D_{73}	D_{81}	D_{82}	D_{83}	D_{23}	D_{24}	D_{31}	D_{32}	D_{33}	D_{34}	D_{41}	D_{42}	D_{43}	D_{44}	D_{45}	D_{51}	D_{52}	D_{53}
D_{22}							0.62	1														
D_{23}							0.58	0.60	1													
D_{24}							0.38	0.40	0.33	1												
D_{31}											1											
D_{32}											0.57	1										
D_{33}											0.47	0.44	1									
D_{34}											0.60	0.67	1.50	1								
D_{41}															1							
D_{42}															0.54	1						
D_{43}															0.78	0.73	1					
D_{44}															1	0.56	0.83	1				
D_{45}															1	0.56	0.71	0.50	1			
D_{51}																				1		
D_{52}																				0.78	1	
D_{53}																				0.80	1	1
D_{61}	1																					
D_{62}	0.50	1																				
D_{71}			1																			
D_{72}			0.86	1																		
D_{73}			0.47	0.45	1																	
D_{81}						1																
D_{82}						0.75	1															
D_{83}						0.38	0.33	1														

6.2.2 计算指标权重

目前，确定各指标的权重的具体步骤为：首先，采用方根法计算判断矩阵各行的几何平均值 W^{0i}，即 $W^{0i} = \left(\prod_{j=1}^{n} a_{ij} \right)^{\frac{1}{n}}$，其中 i，j = 1，2，3，…，n。公式中，a_{ij} 表示原始判断矩阵中第 i 行第 j 列的元素，n 表示指标个数，W_i 表示原判断矩阵第 i 行的几何平均值。其次，对各行的几何平均值进行归一化处理得到特征向量，即 $W_i = \dfrac{W_i^0}{\sum_{i=1}^{n} W_i^0}$，其中 i，j = 1，2，3，…，n。公式中，W_i 表示

第 i 个指标的权重，n 表示指标个数，W_i 表示原判断矩阵第 i 行的几何平均值。

本研究利用 yaahp V 10.3 开展上述权重的计算，从而获得不同指标要素层的权重信息。

6.2.3 检验判断矩阵一致性

一般而言，基于层次分析法开展指标体系构建及分析工作，均应保证判断矩阵的一致性特点。为了确保计算出来的权重的科学性和准确性，需要对每个判断矩阵进行一致性检验，能够通过一致性检验的判断矩阵所确定的权重才具有说服力和公信力。

检验判断矩阵一致性的常规步骤为：首先，计算判断矩阵的最大特征值 $\lambda_{\max}$，其计算公式为 $\lambda_{\max} = \dfrac{1}{n} \sum_{i=1}^{n} \dfrac{(A\,W)_i}{W_i}$，其中 n 为矩阵阶数，W_i 为所求指标的权重系数值；然后，对一致性指标（Consistency Index，简写为 C. I.）进行计算，其计算公式为 $C.\,I. = \dfrac{\lambda_{\max} - n}{n - 1}$；再次，获得一致性比率 $C.\,R.$，其计算公式为 $\dfrac{C.\,I.}{R.\,I.} = C.\,R.$，其中 R. I.（Average Random Consistency Index）是平均随机一致性指标；最终，进行矩阵一致性判断，如果 $C.\,R. \leqslant 0.1$，则认为此判断矩阵具有一致性，可以接受计算出来的权重。

本研究利用加权平均数的方式对专家所开展的指标体系数值进行综合判断，从而在技术上保证每位专家对于具体问题判断的客观性、准确性。

本研究利用 yaahp V 10.3 开展矩阵一致性判断，从而检验各层级之间的判断矩阵，明确每个矩阵的最大特征值、一致性指标以及一致性比率（表6-4）。通过观察，明确每个矩阵均通过一致性检验，获得的权重结果可靠，具有科学性。

表 6-4　各判断矩阵一致性检验

判断矩阵	$\lambda_{\max}$	n	C. I.	C. R.
$A\text{-}B$	3.0452	3	0.0226	0.0435
$B_1\text{-}C$	3.0308	3	0.0154	0.0296
$B_2\text{-}C$	3.0431	3	0.02155	0.0415
$B_3\text{-}C$	2.0000	2	0	0
$C_1\text{-}D$	5.2885	5	0.072125	0.0644
$C_2\text{-}D$	4.0819	4	0.0273	0.0307
$C_3\text{-}D$	4.0405	4	0.0135	0.0152

（续）

判断矩阵	λ_{max}	n	$C.I.$	$C.R.$
C_4-D	5.2116	5	0.0529	0.0472
C_5-D	3.0001	3	$5E-05$	0.0001
C_6-D	2.0000	2	0	0
C_7-D	3.0047	3	0.00235	0.0045
C_8-D	3.0183	3	0.00915	0.0176

6.2.4 建立评价指标体系

通过建立各层级的判断矩阵，计算各个指标的权重，检验判断矩阵的一致性，可以得到云南省林下产业扶贫绩效评价指标体系（表6-5）。

表6-5 云南省林下产业扶贫绩效评价指标体系

准则层及权重	指标层及权重	指标要素层及权重
扶贫成效 B_1(0.5130)	经济发展 C_1(0.2480)	人均年收入 D_{11}(0.0933)
		林下产业脱贫人口占全部脱贫人口比例 D_{12}(0.0586)
		人均林下产业扶贫资金 D_{13}(0.0416)
		林下产业收入占总收入比重 D_{14}(0.0291)
		林下产业经营带动贫困人口覆盖度 D_{15}(0.0254)
	林区建设 C_2(0.1209)	林区通电率 D_{21}(0.0452)
		林区通水率 D_{22}(0.0347)
		林区通公路率 D_{23}(0.0280)
		林区信息化率 D_{24}(0.0130)
	生态保护 C_3(0.1441)	森林覆盖率 D_{31}(0.0537)
		林下产业的污水处理程度 D_{32}(0.0402)
		林下产业的生产垃圾处理程度 D_{33}(0.0206)
		林下产业对土壤与植物的保护程度 D_{34}(0.0296)
扶贫持续性 B_2(0.3625)	贫困户增收可持续性 C_4(0.2136)	贫困户参与林业合作社的比例 D_{41}(0.0514)
		贫困户参与林业龙头企业的比例 D_{42}(0.0502)
		贫困户家庭青年劳动力比重 D_{43}(0.0401)
		贫困户家庭劳动力平均受教育水平 D_{44}(0.0414)
		贫困户接受林业相关专业知识培训的比例 D_{45}(0.0305)

（续）

准则层及权重	指标层及权重	指标要素层及权重
扶贫持续性 B_2（0.3625）	林下产业发展可持续性 C_5（0.0717）	贫困户对林下产业发展前景看好的比例 D_{51}（0.0278）
		贫困户愿意扩大林下产业规模的比例 D_{52}（0.0218）
		贫困户愿意增加林下产业投入资金的比例 D_{53}（0.0221）
	生态建设可持续性 C_6（0.0772）	贫困户新能源使用率 D_{61}（0.0515）
		贫困户对生态环境保护的重视程度 D_{62}（0.0257）
扶贫满意度 B_3（0.1245）	扶贫工作满意度 C_7（0.0566）	贫困户对林下产业扶贫政策的满意度 D_{71}（0.0240）
		贫困户对林下产业扶贫项目的满意度 D_{72}（0.0220）
		贫困户对退出机制的满意度 D_{73}（0.0106）
	扶贫效果满意度 C_8（0.0679）	贫困户对林区生产条件的满意度 D_{81}（0.0310）
		贫困户对林下产业发展的满意度 D_{82}（0.0267）
		贫困户对生态环境保护的满意度 D_{83}（0.0102）

6.3 评价指标体系的分析

为了更好地明确各个评价指标所发挥的作用，将指标要素层的各指标按照权重大小由高到低进行排序，发现"人均年收入 D_{11}"所占权重最大，为 0.0933（表6-5），表明林下产业扶贫绩效中发挥显著作用的因素为贫困人口的人均年收入，也说明提高贫困人口的人均年收入有助于更好地增强林下产业扶贫效果。其次为"林下产业脱贫人口占全部脱贫人口比例 D_{12}"，其权重为 0.0586（表6-5），这也与该指标是衡量林下产业扶贫效果的一个较为直观的指标密切相关，通过比较分析因发展林下产业实现脱贫的人口占总脱贫人口的比例，能够较好地说明林下产业对扶贫开发的作用。再次，"森林覆盖率 D_{31}"所占权重较大，为 0.0537（表6-5），这表明：一方面，森林资源是发展林下产业的基础和载体，是贫困人口脱贫致富的重要来源；另一方面，林下产业属于绿色生态产业，贫困人口发展林下产业对森林资源的影响也是衡量林下产业扶贫绩效的一个重要指标。

7 案例村林下产业扶贫绩效评价实证研究

7.1 案例村评价指标参考值确定

为了更好地评价案例村林下产业的扶贫绩效，同时，为了更好地完善评价体系，本研究基于前期建立的林下产业扶贫绩效评价体系，以三河村林下产业扶贫的实际情况为基础，结合调研数据，对其林下产业扶贫绩效进行实证分析。

评价三河村林下产业的扶贫绩效，首先要确定各评价指标要素层的参考值。本文将用 4 种方法确定各指标要素层指标的参考值，分别以 A、B、C、D 来表示，具体而言，A 是以扶贫部门或林业主管部门已明确制定的规划目标为主，如"人均年收入 D_{11}"指标，依据国家扶贫政策规定，即按照 2010 年 2300 元不变价进行转化，2016 年农村人口贫困退出标准为人均年收入 2952 元，选择此全额作为此指标的参考值 λ[①]；B 是取理论上的最优值，如"林区通电率 D_{21}"指标，要想实现林下产业的健康有序发展，可以实现林区通电率达 100%；C 是取当地或全国的平均值，如"森林覆盖率 D_{31}"指标，泸水市当地的森林覆盖率为74.06%，以此为参考值；D 来自于《全国农业现代发展水平报告（2016 年）》，报告指出考虑到九年义务教育的推广以及当前农村劳动力现状，确定农村家庭青年劳动力基本实现农业现代化的目标值为 80%（表 7-1）。

[①] λ 值参考百度百科中关于"中国贫困标准"的标准界定，网址为 https：//baike. baidu. com/item/% E4% B8% AD% E5% 9B% BD% E8% B4% AB% E5% 9B% B0% E6% A0% 87% E5% 87% 86/1207599？fr =aladdin。根据最新的云南省扶贫开发领导小组文件《云南省扶贫开发领导小组关于印发 2018 年贫困户退出人均纯收入标准的通知》（云开组〔2018〕51 号）内容，目前云南省 2018 年贫困户退出人均纯收入标准确定为 3500 元。

表 7-1　指标要素层的参考值

指标要素层	参考值	确定方法
人均年收入 D_{11}	2952 元	A
林下产业脱贫人口占全部脱贫人口比例 D_{12}	26.5%	A
人均林下产业扶贫资金 D_{13}	1193.52 元	A
林下产业收入占总收入比重 D_{14}	3.5%	C
林下产业经营带动贫困人口覆盖度 D_{15}	15%	A
林区通电率 D_{21}	100%	B
林区通水率 D_{22}	100%	B
林区通公路率 D_{23}	100%	B
林区信息化率 D_{24}	100%	B
森林覆盖率 D_{31}	74.06%	C
林下产业的污水处理程度 D_{32}	100%	B
林下产业的生产垃圾处理程度 D_{33}	100%	B
林下产业对土壤与植被的保护程度 D_{34}	100%	B
贫困户参与林业合作社的比例 D_{41}	100%	B
贫困户参与林业龙头企业的比例 D_{42}	100%	B
贫困户家庭青年劳动力比重 D_{43}	80%	D
贫困户家庭劳动力平均受教育水平 D_{44}	7.06 年	C
贫困户接受林业专业知识培训的比例 D_{45}	100%	B
贫困户对林下产业发展前景看好的比例 D_{51}	100%	B
贫困户愿意扩大林下产业规模的比例 D_{52}	100%	B
贫困户愿意增加林下产业投入资金的比例 D_{53}	100%	B
贫困户新能源使用率 D_{61}	100%	B
贫困户对生态环境保护的重视程度 D_{62}	100%	B
贫困户对林下产业扶贫政策的满意度 D_{71}	100%	B
贫困户对林下产业扶贫项目的满意度 D_{72}	100%	B
贫困户对退出机制的满意度 D_{73}	100%	B
贫困户对林区生产条件的满意度 D_{81}	100%	B
贫困户对林下产业发展的满意度 D_{82}	100%	B
贫困户对生态环境保护的满意度 D_{83}	100%	B

7.2 案例村林下产业扶贫绩效评价

确定指标的参考值之后，根据问卷调查以及访谈结果，分析评价案例村林下产业扶贫的实际绩效。具体计算方法为：实际得分＝（实际值/参考值）×权重×100。其中，为使评价结果的得分用百分制表示，将权重换为百分制的形式。如果最终实际评价得分为[0，60)表示林下产业扶贫绩效较差，得分为[60，70)表示林下产业扶贫绩效一般，得分为[70，85)表示林下产业扶贫绩效较好，得分为[85，100)表示林下产业扶贫绩效很好。经计算可得，三河村林下产业扶贫绩效的最终得分为 78.72 分，表示三河村林下产业扶贫绩效较好（表 7-2）。

表 7-2　案例村林下产业扶贫绩效评价[①]

准则层	指标层	指标要素层	实际值	权重	理想得分	实际得分
扶贫成效 B_1	经济发展 C_1	人均年收入 D_{11}	2783.39 元	0.0933	9.33	8.80
		林下产业脱贫人口占全部脱贫人口比例 D_{12}	34.28%	0.0586	5.86	7.58
		人均林下产业扶贫资金 D_{13}	862.57 元	0.0416	4.16	3.01
		林下产业收入占总收入比重 D_{14}	4.60%	0.0291	2.91	3.82
		林下产业经营带动贫困人口覆盖度 D_{15}	17.50%	0.0254	2.54	2.96
	林区建设 C_2	林区通电率 D_{21}	95%	0.0452	4.52	4.29
		林区通水率 D_{22}	80%	0.0347	3.47	2.78
		林区通公路率 D_{23}	85%	0.028	2.8	2.38
		林区信息化率 D_{24}	65%	0.013	1.3	0.85
	生态保护 C_3	森林覆盖率 D_{31}	85.50%	0.0537	5.37	6.20
		林下产业的污水处理程度 D_{32}	85.50%	0.0402	4.02	3.44
		林下产业的生产垃圾处理程度 D_{33}	70.60%	0.0206	2.06	1.45
		林下产业对土壤与植物的保护程度 D_{34}	82.70%	0.0296	2.96	2.45

---

① 数据来源：部分数据是由实地调查问卷数据以及访谈结果整理而来，其他数据来自于三河村扶贫工作报告。下同。

（续）

准则层	指标层	指标要素层	实际值	权重	理想得分	实际得分
扶贫持续性 B_2	贫困户增收可持续性 C_4	贫困户参与林业合作社的比例 D_{41}	70.80%	0.0514	5.14	3.64
		贫困户参与林业龙头企业的比例 D_{42}	12.50%	0.0502	5.02	0.63
		贫困户家庭青年劳动力比重 D_{43}	46.80%	0.0401	4.01	2.35
		贫困户家庭劳动力平均受教育水平 D_{44}	5.90 年	0.0414	4.14	3.46
		贫困户接受林业相关专业知识培训的比例 D_{45}	68.50%	0.0305	3.05	2.09
	林下产业发展可持续性 C_5	贫困户对林下产业发展前景看好的比例 D_{51}	45.40%	0.0278	2.78	1.26
		贫困户愿意扩大林下产业规模的比例 D_{52}	61.90%	0.0218	2.18	1.35
		贫困户愿意增加林下产业投入资金比例 D_{53}	60.80%	0.0221	2.21	1.34
	生态建设可持续性 C_6	贫困户新能源使用率 D_{61}	9.80%	0.0515	5.15	0.50
		贫困户对生态环境保护的重视程度 D_{62}	72.50%	0.0257	2.57	1.86
扶贫满意度 B_3	扶贫工作满意度 C_7	贫困户对林下产业扶贫政策的满意度 D_{71}	80.50%	0.0240	2.4	1.93
		贫困户对林下产业扶贫项目的满意度 D_{72}	75.50%	0.0220	2.2	1.66
		贫困户对退出机制的满意度 D_{73}	85.50%	0.0106	1.06	0.91
	扶贫效果满意度 C_8	贫困户对林区生产条件的满意度 D_{81}	78.50%	0.0310	3.1	2.43
		贫困户对林下产业发展的满意度 D_{82}	90.50%	0.0267	2.67	2.42
		贫困户对生态环境保护的满意度 D_{83}	86.50%	0.0102	1.02	0.88

7.3 案例村评价结果分析

由上述分析结果可知，三河村林下产业扶贫绩效较好，表明林下产业的发展给当地贫困户带来了一定的经济、社会和生态效益。下面将具体从扶贫成效、扶贫可持续性、扶贫满意度三个方面评价三河村林下产业扶贫效果。

7.3.1 扶贫成效分析

对上述评价结果进一步分析，三河村在"扶贫成效 B_1"方面的实际得分为50.01 分，其中在"经济发展 C_1"方面的得分为26.17 分，在"林区建设 C_2"方面的得分为10.30 分，在"生态保护 C_3"方面的得分为13.54 分。结合上述各层级指标的理想分数，可以看出案例村在林下产业扶贫成效方面的绩效很好，尤其表现在经济发展方面。由此表明，三河村林下产业的发展给当地贫困户带来了较为可观的经济收入，同时，在林区建设和生态保护方面也起到了一定的积极作用。如被调查的贫困人口通过发展林下产业实现了每年人均 2783.39 元的收入，基本接近国家划定的贫困退出标准线（2952 元）。同时，当地林下产业经营带动贫困人口的覆盖度也超过了预期规划的目标。此外，近些年，基础设施的修建，对案例村的通电率、通水率、通公路率的提高发挥着重要作用，其比例分别为 95%、80%、85%，同时，也应看到，当地林区的信息化率还有待进一步改善。因此，通过林下产业的不断发展，案例村的森林资源得到了有效的保护和利用，不仅提升了当地的经济水平，也发挥着森林的生态保护作用，值得一提的是，案例村森林覆盖率明显高于泸水市的平均森林覆盖率。上述结果再次证明，林下产业属于生态绿色产业，其对环境本身的影响较小，在贫困地区特别是处于山区的云南省贫困地区而言，大力发展林下产业不仅有助于提高当地的经济水平，也有助于保护生态环境。三河村林下产业扶贫的突出成效对进一步推广其发展模式具有十分重要的意义。

7.3.2 扶贫可持续性分析

由分析结果可知，三河村在"扶贫持续性 B_2"方面的实际得分为 18.48 分，其中在"贫困户增收可持续性 C_4"方面的得分为 12.16 分，在"林下产业发展可持续性 C_5"方面的得分为 3.96 分，在"生态建设可持续性 C_6"方面的得分为 2.37 分。与各层级指标理想分数相比，可以明显发现案例村在林下产业扶贫可持续性方面仍存在诸多不足。如贫困户中参与龙头企业所占比例仅为 12.50%，尽管理想比例 100% 有些过于理想化，但该村缺乏龙头企业却是不争的事实，该问题严重制约着林下产业助推扶贫效果的作用，严重影响到广大贫困户的切实利益。同时，贫困户家庭中青年劳动力占家庭人口的 46.80%，由此可以看出，贫困户家庭中较缺乏青年劳动力，严重阻碍了贫困户收入的持续增长，这成为脱贫攻坚的重要制约因素。根据泸水市政府报告中关于人们受教育年限的说法，到 2018 年，全市人均受教育年限达 7.06 年，然而，在案例村，受访者中家庭劳动力平均受教育年限仅为 5.90 年，与全市的平均水平相比还有一定的差距。此外，贫困户对林下产业未来发展前景整体持观望状态，严重影响着林下产业在助推三河村扶贫进程中的可持续性，当然，由于林下产业作为依托当地自然资源、环境资源的特色农业产业，其产品的生产和销售均受到多方面因素的影响。在生态建设可持续性方面，贫困户中使用新能源的比例仅为 9.80%，与目标值之间还存在着较大的差距，因此，贫困地区在开展扶贫攻坚过程中，应进一步实现对新能源的推广和利用，从而更好地保护当地生态环境，更好地实现生态建设可持续性发展。

7.3.3 扶贫满意度分析

就扶贫满意度评价而言，三河村在"扶贫满意度 B_3"方面的实际得分为 10.23 分，与理想值 12.45 相差不大，其中在"扶贫工作满意度 C_7"方面的得分为 4.50 分，在"扶贫效果满意度 C_8"方面的得分为 5.73 分。总体而言，案例村广大贫困户对于林下产业的扶贫工作以及成效持较为满意的态度，由此可见，林下产业在推进当地脱贫攻坚方面发挥着重要的作用，也反映出当地政府和工作人员在扶贫工作方面所作出的卓越贡献。值得一提的是，有 80.50% 的贫困户对当地林下产业扶贫政策较为满意，同时，有 85.50% 的贫困户对本村的退出机制较为满意，该结果表明，广大贫困户在开展林下产业扶贫助推经济发展方面享受到了由此带来的"红利"，切身体会到了来自于扶贫政策的实施效果所带来的利益，为进一步脱贫致富提供了重要示范性作用。此外，有 90.5% 的贫困户比较满意当地林下产业的发展，以及 86.50% 的贫困户对当地生态环境的保护较为满意，该结果表明，广大贫困户从成功实施的林下产业扶贫项目中得到了"实惠"，同时，也表明，林下产业的发展不仅有助于提高当地的经济收入，而且对于生态保护的作用也非常明显，得到了广大人民的支持。

8

结束语

随着 2020 年即将到来，距离全国全面完成脱贫攻坚任务的脚步越来越近。云南省作为全国扶贫攻坚工作中的重要省份，其扶贫效果及实践经验对全国具有重要的借鉴意义。本研究通过梳理前人关于"林下产业"、"扶贫攻坚"等方面的研究理论和实践经验，梳理出云南省精准扶贫的现状，同时，对林下产业扶贫所具有的优势和潜力展开研究，明确林下产业与扶贫之间的关系；深入怒江州泸水市开展实地调研，采用问卷调查以及座谈的方式对三河村开展林下经济发展与扶贫效果方面的调研，从实证角度明确林下产业与扶贫之间的关系；利用层次分析方法，采用专家打分的方式，从扶贫效果、扶贫可持续性、扶贫满意度三个维度全方位构建用于云南省林下产业助推扶贫的绩效评价标准；同时，利用上述体系对三河村开展扶贫效果评价，得出该地区在林下产业扶贫绩效表现较好的结论，林下产业的发展提升了当地的经济水平，改善了林区的基础设施建设，保护了当地的生态环境；也总结出扶贫过程中尚存在的如贫困户思想不正确、资金和技术投入不足、组织形式作用不强、培训效果不明显、林下产业扶贫项目不完善等问题，因此，今后开展扶贫工作应从转变林农思想、提高资金利用率以及打造高质量扶贫示范区等角度出发，进一步实现云南省林下产业促进扶贫绩效提升的目标。

优化林下产业扶贫攻坚的具体实施路径为：就转变林农思想而言，政府部门应结合贫困户的意愿以及实际情况，充分考虑生态环境保护和林下产业发展需要，采用丰富多彩的培训形式，积极为贫困地区与科研院校、研究所等单位牵线搭桥，不断强化贫困地区农民在农、林业种植、养殖等方面的相关技能的培训工作，不断提升贫困户在林下产业中的发展能力，不断提高林下产业的生产效率；就提高资金利用率而言，地方财政应结合当地有产业基础的特色产业，从第一产业到第三产业全方位加大对林下产业的扶持力度，同时，贫困地区应积极吸收来自省内外的社会资本，不断提升民营企业、社会团体等社会化资本所占比重，探索股份制、股份合作制、个人承包等合作方式的林下产业建设新模式，进一步优化林权抵押贷款、小额贷款等贷款制度，进一步提高资金的利用率，从而更好地发挥资本在林下产业助推扶贫方面的作用；就打造高质量扶贫示范区而言，政府应加大对贫困地区林下产业为提升扶贫效果的示范区的建设力度，大力推进现代林业科技服务贫困地区经济的作用，积极进行农林产品集约化的加工和销售活动，充分依托当地资源禀赋、产业发展基础、经济发展水平等条件，助推当地最有优势、前景最好的主打林下产业，基于按照不同的森林类型和培育目标，规划和培育不同的林下经济发展模式，积极打造高质量林下产业扶贫示范区。

参考文献

[1] 刘伟. 总结克服"贫困陷阱"经验 开启新时代现代化新征程——学习党的十九大报告关于新发展理念重要方略的体会[J]. 经济理论与经济管理, 2018, (01): 5-10.

[2] 窦亚权, 李庆磊, 李明虎, 等. 云南省林下产业扶贫典型案例研究[J]. 林业经济, 2018, 40(11): 67-71.

[3] 李娅, 陈波. 云南省林下经济典型案例研究[J]. 林业经济, 2013, (03): 67-71.

[4] 李娅, 姜春前, 严成, 等. 江西省集体林区林权制度改革效果及农户意愿分析——以江西省永丰村、上芫村、龙归村为例[J]. 中国农村经济, 2007, (12): 54-61.

[5] 祁雪梅. 永靖县集体林权制度改革的实践与发展[J]. 农家参谋, 2019, (02): 85.

[6] 刘丽萍, 高岚, 刘梦瑶. 集体林权制度改革的农户满意度评价——以辽宁、江西、云南三省农户调查数据为例[J]. 农村经济, 2015, (12): 46-51.

[7] 江玮瑶. 集体林权制度改革背景下林农造林行为影响因素的实证分析[D]. 南昌市: 江西农业大学, 2016.

[8] 邹健健, 刘维忠. 基于农户视角的新疆集体林权制度改革成效评价[J]. 林业经济问题, 2018, 38(05): 78-82, 110.

[9] 靳丹娅. 云南省集体林权制度改革的探索与实践[J]. 林业调查规划, 2014, 39(03): 54-57.

[10] 董微熙. 贵州瓮安县集体林权改革绩效及林农意愿分析[D]. 南京林业大学, 2009.

[11] 臧良震, 张彩虹, 郝佼辰. 中国林下经济发展的空间分布特征研究[J]. 林业经济问题, 2014, 34(05): 442-446.

[12] 李娅, 普云, 罗明灿. 怒江林下经济发展典型案例研究[J]. 西南林业大学学报: 社会科学版, 2017, 1(03): 47-52.

[13] 向玉兰. 黔江发展林下经济现状与策略分析[J]. 中国集体经济, 2016, (01): 40-41.

[14] 窦亚权, 李娅. 云南少数民族地区林下经济发展模式研究[J]. 林业经济问题, 2017, 37(04): 86-91, 111.

[15] 肖娟. 关于云南省林下经济实现良性发展的几点建议[J]. 内蒙古林业调查设计, 2016, (06): 52-55.

[16] 史晓艳. 云南林下经济模式中生态安全问题探析[J]. 现代交际, 2016, (14): 44-45.

[17] 张龙井, 张梅. 云南省林下经济发展现状及建议[J]. 中南林业调查规划, 2015, (01): 11-14.

[18] 李娅, 唐文军, 陈波. 云南省林下经济发展战略研究——基于 AHP-SWOT 分析[J]. 林业经济, 2014, 36(07): 42-47.

[19] 窦亚权, 李娅. 基于绿色供应链视角的云南省林下经济发展探讨[J]. 西南林业大学学报: 社会科学版, 2017, 1(03): 9-12.

[20] 王永厅. "十三五"期间中国贫困治理的基本特色[J]. 贵州大学学报: 社会科学版,

2018，36（01）：70－76.

［21］李智慧．习近平总书记的扶贫方法与思维方式［J］．福州党校学报，2018，（06）：15－17.

［22］马红丽．信息企业创新思维探索扶贫新模式［J］．中国信息界，2016，（06）：80－82.

［23］王昕．以平台思维构建新时期精准扶贫开发融资模式［J］．中外企业家，2018，（25）：223－224.

［24］廖中武．精准扶贫的"党建扶贫"模式探析——以福建省福鼎市柏洋村为例［J］．中共福建省委党校学报，2018，（10）：95－103.

［25］唐安平．党群齐心干 侗寨早脱贫——天柱县蓝田镇东风村"党建扶贫农庄"助农增收［J］．当代贵州，2019，（01）：70－71.

［26］孙蕙．党建扶贫"三模式九做法"［J］．当代贵州，2018，（36）：20－21.

［27］陆益龙．打好"三大攻坚战"／"精准脱贫机制创新"系列笔谈之三 精准有效社会扶贫机制的构建路径［J］．改革，2017，（10）：58－61.

［28］张美伶．社会经济发展水平对残疾人精准健康扶贫的影响研究［J］．中国经贸导刊（中），2019，（08）：120－121.

［29］张璟，许竹青．扶贫与社会保障制度结合的减贫国际经验启示［J］．世界农业，2019，（02）：9－14，106.

［30］李钊，卓仑·木塔力甫，王敏，等．内源性扶贫视角下民族贫困地区脱贫路径研究——以加哈乌拉斯台乡库克拜村为例［J］．山西农业科学，2019，47（02）：279－283，296.

［31］芮洋．内源发展视角下社会工作介入农村精准扶贫的路径探索——基于重庆"三区"社工人才支持计划项目的结项评估数据［J］．云南行政学院学报，2018，20（03）：25－29.

［32］乔煜，李琴．"一带一路"背景下西部民族地区内源式扶贫推进机制研究［J］．生产力研究，2017，（07）：107－111.

［33］黄承伟，覃志敏．我国内源式扶贫：理论基础与实施机制［J］．中国农村研究，2015，（01）：129－146.

［34］刘淑婷．浅析广西红色旅游扶贫和生态扶贫［J］．度假旅游，2019，（01）：167.

［35］蓝楠，包旭．生态补偿式扶贫的证成与进路分析——基于饮用水源地生态补偿视角［J］．江西农业学报，2019，31（02）：141－145.

［36］杜孝田，罗洁．基于生态保护理念下的精准扶贫研究［J］．现代农业科技，2019，（06）：236，240.

［37］杨盛．马山经验，探索生态扶贫新路径［J］．中国生态文明，2018，（S1）：80－82.

［38］白杨．民族地区教育扶贫的基本内涵及时代价值思考——基于社会主义核心价值观视域［J］．教育与教学研究，2019，33（01）：121－128.

［39］钟盈盈．"教育扶贫"背景下关于突破寒门思维模式的研究［J］．现代经济信息，2018，（08）：476.

［40］柳建平，刘卫兵．西部农村教育与减贫研究——基于甘肃14个贫困村调查数据的实证分析［J］．教育与经济，2017，（01）：75－80，65.

［41］高杰，廖望科．漾濞县核桃产业扶贫的问题与对策探索［J］．产业与科技论坛，2017，16（14）：26－27.

[42]付言文．探索产业精准扶贫的经济可持续发展路径——以贵州省麻江县产业扶贫模式为例[J]．农村经济与科技，2017，(08)：145.

[43]陈湘海．基于绿色发展的产业精准扶贫问题研究[D]．长沙：长沙理工大学，2017.

[44]李东洪．基于精准扶贫视角的横县农业产业扶贫发展研究[D]．南宁：广西大学，2018.

[45]章康华．认真把握"科学扶贫、精准扶贫、内源扶贫"的精神实质，扎实推进扶贫开发工作[J]．老区建设，2014，(11)：8－10.

[46]谢卓芝．习近平新时代扶贫开发战略的科学思维[J]．邓小平研究，2019，(01)：76－86.

[47]张艺博，杨生利．科学·精准·内生：资产收益扶贫的理论特征与实践路径——学习习近平总书记扶贫开发战略思想[J]．世纪桥，2018，(04)：12－13.

[48]张静，朱玉春．社会资本视角下科特派企业精准扶贫分析[J]．资源科学，2019，41(02)：352－361.

[49]周霄．乡村旅游精准扶贫的内涵解读与路径安排[J]．江苏农业科学，2018，46(05)：329－332.

[50]吴华，韩海军．精准扶贫是减贫治理方式的深刻变革[J]．国家行政学院学报，2018，(05)：143－149，192.

[51]申建娜．精神扶贫工程是全面建成小康社会的有力保障[J]．发展，2019，(01)：23－24.

[52]李宗明．精神扶贫应科学"把脉"组合"开方"[J]．社科纵横，2017，32(09)：47－50.

[53]岳龙．精准扶贫视域下兰州农村地区精神扶贫工作的精准性——以榆中县为例[J]．现代经济信息，2018，(20)：476－477.

[54]冯彦明．关于精准扶贫、产业发展与金融支持有机结合的探析——基于对重庆市金融扶贫"石柱模式"的调研[J]．农村金融研究，2017，(08)：57－62.

[55]李洁．资产收益型产业扶贫新模式探讨[D]．石家庄：河北大学，2018.

[56]叶海燕，叶海英．"精准扶贫"视角下大学生精神贫困及心理扶助[J]．继续教育研究，2019，(01)：95－99.

[57]姜淑凤，王凤娟，王云鹏．研究生学工教育与偏远地区小学留守儿童精神扶贫共建模式研究[J]．才智，2019，(01)：109.

[58]井世洁，赵平．社会组织参与西部农村综合性扶贫的行动研究——以甘肃省Y县Z村为例[J]．社会工作与管理，2019，19(01)：26－34，61.

[59]虎文华．西部少数民族地区职业教育精准扶贫方式选择及模型构建[J]．职教通讯，2018，(23)：61－67.

[60]陶泽良．西部贫困地区生态扶贫机制研究[J]．中国物价，2018，(12)：9－12.

[61]沈茂英，杨程．川西北藏区生态扶贫特征与持续运行探究——以国家扶贫工作重点县壤塘县为例[J]．西藏研究，2018，(06)：139－145.

[62]张新宇．河北省农村扶贫模式研究[D]．保定：河北农业大学，2018.

[63]王美钰，吴忠军，侯玉霞．广西少数民族特色村寨生态旅游扶贫与乡村振兴路径研究[J]．广西广播电视大学学报，2019，30(01)：52－55.

[64]严雅婧．江西省高等职业院校助力精准扶贫方式探究[D]．南昌：东华理工大学，2018.

［65］张梅．江苏省苏北地区扶贫机制研究［D］．南京：南京农业大学，2014．

［66］陈立馨．江苏省 A 县精准扶贫研究［D］．南京：南京师范大学，2018．

［67］赵祥华，张福庆，侯娟．浅谈云南生态扶贫与农村污染治理思路及建议［J］．环境科学导
　　　刊，2019，38（01）：9－11．

［68］高晓凤，刘梦芸，段云，等．四川民族地区易地扶贫搬迁移民社会支持现况研究［J］．现
　　　代预防医学，2019，46（01）：62－64，77．

［69］姜博为．黑龙江省农村扶贫法律问题研究［D］．哈尔滨：东北林业大学，2016．

［70］李俊茹．海南省发展特色产业精准扶贫的思考［J］．农村经济与科技，2018，29（17）：
　　　202，235．

［71］张小玲．吕梁市生态扶贫现状与发展战略［J］．山西林业科技，2018，47（04）：65－66．

［72］吴勇民，高航，龙飞．咸阳市退耕还林与生态扶贫效益研究［J］．陕西林业科技，2018，
　　　46（06）：48－51，66．

［73］王云侠．明水县林业生态扶贫工作浅议［J］．农民致富之友，2019，（04）：179．

［74］赵凌跃，郭丽华．张北县产业扶贫绩效评价体系的构建［J］．中国市场，2018，（14）：
　　　65－66．

［75］李艳琼，戴月舟．精准扶贫视域下我国西部贫困地区农业发展模式及产业脱贫对策［J］．
　　　改革与战略，2018，34（04）：70－73．

［76］卢学英，张胜武，李薇．创新性精准扶贫方式促乡村振兴——安徽省岳西县农民专业合
　　　作社助农脱贫实践［J］．中国合作经济，2018，（06）：59－62．

［77］李华扬．以工代赈在赈灾法律机制中的作用研究［J］．齐齐哈尔大学学报：哲学社会科
　　　学版，2015，（05）：54－55．

［78］张永丽，黄祖辉．西部地区新农村建设的机制、内容与政策——来自"参与式整村推进"
　　　扶贫模式的启示［J］．甘肃社会科学，2006，（06）：223－227．

［79］张永丽，王虎中．新农村建设：机制、内容与政策——甘肃省麻安村"参与式整村推进"
　　　扶贫模式及其启示［J］．中国软科学，2007，（04）：24－31．

［80］任燕顺．对整村推进扶贫开发模式的实践探索与理论思考——以甘肃省为例［J］．农业
　　　经济问题，2007，（08）：95－98．

［81］李树基．整村推进扶贫开发方式研究——以甘肃为例［J］．甘肃社会科学，2006，（02）：
　　　207－210．

［82］朱洪，郭正模．贫困少数民族地区与汉族地区劳务输出差异及原因分析——以四川省36
　　　个扶贫工作重点县为例［J］．特区经济，2006，（09）：272－274．

［83］黎红梅，田松鹤．易地扶贫搬迁农户承包地处置方式选择及其影响因素——基于湖南省
　　　搬迁农户调查［J］．吉首大学学报：社会科学版，2019，40（01）：39－48．

［84］郑长德．"三区""三州"深度贫困地区脱贫奔康与可持续发展研究［J］．民族学刊，
　　　2017，（06）：1－8，95－97．

［85］胡勇．进一步完善我国易地搬迁扶贫政策［J］．宏观经济管理，2009，（01）：60－62．

［86］叶雨红，李健影，邓丽慧．发展民族地区特色产业助力精准扶贫思路研究——以贺州市
　　　八步区开山镇甘薯产业为例［J］．乡村科技，2018，（12）：47－52．

［87］杨立铭，杜茂宝．精准扶贫视角下燕山山区乡村旅游产业发展对策探析——以青龙满族

自治县陈台子村为例[J]．河北科技师范学院学报：社会科学版，2017，16（04）：33－37．

[88]王雨村，李月月，潘斌．精准扶贫视域下河南乡村产业韧性化发展策略[J]．规划师，2018，34（12）：39－45．

[89]罗善勇．钟山县发展特色产业助推精准扶贫探析[J]．人才资源开发，2016，（24）：66．

[90]宫礼坤，丁庆，殷英达，等．精准扶贫视域下草编特色扶贫产业发展模式探究——以山西省广灵县巧娘宫手工编织合作社为例[J]．环渤海经济瞭望，2018，（12）：23－25．

[91]高树琴，胡兆民，韩勇，等．生态草牧业在我国精准扶贫中的作用和潜力——中国科学院植物研究所科技扶贫实践与模式探索[J]．中国科学院院刊，2019，34（02）：223－230，126．

[92]张琴．农业扶贫重在信息扶贫[J]．中国国情国力，2004，（12）：36－37．

[93]赵慧峰，李彤，高峰．科技扶贫的"岗底模式"研究[J]．中国科技论坛，2012，（02）：138－142．

[94]刘司可．强化科技成果转化推进深度贫困地区脱贫[J]．决策与信息，2018，（01）：120－124．

[95]黄俊皓．新时代中国扶贫方式转变初探[J]．中国集体经济，2019，（03）：155－156．

[96]杜丽．精准脱贫中产业扶贫的路径分析——以湖北省天门市119个贫困村脱贫实践为例[J]．农村经济与科技，2017，（22）：128－129．

[97]王永平，袁家榆．农村扶贫开发机制、资源整合与对策建议[J]．改革，2008，（04）：154－157．

[98]肖广州．基于产业链视角下乡村旅游扶贫机制研究[D]．南昌：南昌大学，2018．

[99]黄依依．精准扶贫背景下甘肃岷县中药材产业发展问题研究[D]．兰州：甘肃农业大学，2018．

[100]陈庆辉，罗云．产业扶贫对连片特困地区精准扶贫效果研究——以广西河池市核桃产业为例[J]．当代经济，2018，（17）：18－21．

[101]刘正华，李娅，柳娥，等．外资利用对云南林下经济发展影响的典型案例研究[M]．昆明：云南科技出版社，2017．

[102]李娅．江西省集体林区林权改革效果、问题及对策研究[D]．保定：河北农业大学，2007．

[103]邓维杰．精准扶贫的难点、对策与路径选择[J]．农村经济，2014，（06）：78－81．

[104]庄天慧，陈光燕，蓝红星．精准扶贫主体行为逻辑与作用机制研究[J]．广西民族研究，2015，（06）：138－146．

[105]李娅，陈波．我国林下经济发展主要模式探析[J]．中国林业经济，2013，（03）：36－38．

[106]胡佳．我国林下经济发展现状及影响因素分析[D]．长沙：中南林业科技大学，2013．

[107]周云珂，刘凯．四川省林下经济产业的空间结构和产业结构研究[J]．四川林业科技，2013，（01）：89－93，75．

[108]张瑾瑾．黑龙江森工林区林下产业的经济支撑作用评价与对策研究[D]．哈尔滨：东北林业大学，2015．

[109]姚宁.陕西省公益林林下产业培育机制研究[D].杨凌:西北农林科技大学,2013.

[110]庄天慧,杨帆,曾维忠.精准扶贫内涵及其与精准脱贫的辩证关系探析[J].内蒙古社会科学(汉文版),2016,37(03):6-12.

[111]张琳,童翔宇,杨毅.湘鄂渝黔边民族地区精准扶贫效益评价及增进策略——基于结构方程模型的实施分析[J].贵州民族研究,2017,38(01):177-180.

[112]刘建生,陈鑫,曹佳慧.产业精准扶贫作用机制研究[J].中国人口·资源与环境,2017,27(06):127-135.

[113]全承相,贺丽君,全永海.产业扶贫精准化政策论析[J].湖南财政经济学院学报,2015,31(01):118-123.

[114]R.NELSON R,李德娟.欠发达经济中的低水平均衡陷阱理论[J].中国劳动经济学,2006,3(03):97-109.

[115]郑双怡,冯琼.我国扶贫开发的现实困境与政策优化[J].改革,2018,(11):69-76.

[116]张晔.精准扶贫背景下驻村扶贫问题研究[D].开封:河南大学,2018.

[117]吴思奎.农村精准扶贫对策研究[D].南昌:江西财经大学,2018.

[118]魏世创,高荣强,王金元.农村食品质量安全"低水平均衡陷阱"对策研究[J].合作经济与科技,2017,(21):181-183.

[119]林宝.养老服务业"低水平均衡陷阱"与政策支持[J].新疆师范大学学报:哲学社会科学版,2017,38(01):108-114.

[120]李燕.我国社会信用体系建设"低水平均衡陷阱"现象与对策研究[J].征信,2015,33(12):42-47.

[121]马楠.民族地区特色产业精准扶贫研究——以中药材开发产业为例[J].中南民族大学学报:人文社会科学版,2016,36(01):128-132.

[122]庄天慧,陈光燕,蓝红星.农村扶贫瞄准精准度评估与机制设计——以西部A省34个国家扶贫工作重点县为例[J].青海民族研究,2016,27(01):189-194.

[123]王永恒.区域资源禀赋理论对欠发达地区经济发展战略选择的启示[J].甘肃金融,2012,(06):34-37.

[124]夏金瑞,邱景平,赵德孝,等.资源禀赋理论对开发海外铁矿资源的启示[J].矿业研究与开发,2002,(06):44-46.

[125]蔡键,唐忠.要素流动、农户资源禀赋与农业技术采纳:文献回顾与理论解释[J].江西财经大学学报,2013,(04):68-77.

[126]拓星星.基于比较优势理论的固原市优势产业选择与发展研究[D].银川:宁夏大学,2016.

[127]陈昭玖,杨宜婷,魏永红,等.基于比较优势理论的油茶产业发展研究——以兴国县为例[J].江西农业大学学报:社会科学版,2012,11(04):81-86.

[128]邱晓慧,黄文革.基于比较优势理论视角的民办高校竞争优势思考[J].湖北函授大学学报,2018,31(01):34-35.

[129]庄天慧,孙锦杨,杨浩.精准脱贫与乡村振兴的内在逻辑及有机衔接路径研究[J].西南民族大学学报:人文社科版,2018,39(12):113-117.

[130]冯雪艳.改革开放40年中国可持续发展理论的演进[J].现代管理科学,2018,(06):

27 – 29.

[131]李晓灿．可持续发展理论概述与其主要流派[J]．环境与发展，2018，30（06）：221 – 222.

[132]周梦婷，杨圣文，方赛银．基于可持续发展理论的交通运输结构调整[J]．科技创新导报，2018，15（21）：34，36.

[133]杨巧．可持续发展理论视角下贵州省绿色农业发展研究[J]．中国集体经济，2019，（07）：45 – 46.

[134]黄荣华，冯彦敏，路遥．国内外扶贫理论研究综述[J]．黑河学刊，2014，（10）：135 – 137.

[135]马尔萨斯．人口原理[M]．子箕，南宇，惟贤，译．北京：商务印书馆，1961.

[136]GILBERT N．Targeting social benefits：International perspectives and trends．London：Routledge，2017.

[137]马斯婷．基于SWOT和生态位理论的生态城镇建设战略研究[D]．沈阳：沈阳农业大学，2016.

[138]SEN A．Poverty：an ordinal approach to measurement[J]．Econometrica：Journal of the Econometric Society，1976：219 – 231.

[139]马濛．恩施州精准扶贫问题及对策研究[D]．重庆，西南大学，2018.

[140]斯丽娟．以工代赈在农村扶贫开发中的效益——基于甘肃省以工代赈政策实施的调查[J]．甘肃社会科学，2011，（03）：237 – 239.

[141]郑秉文．社会权利：现代福利国家模式的起源与诠释[J]．山东大学学报：哲学社会科学版，2005，（02）：1 – 11.

[142]刘延芳．北欧福利国家模式的观察与思考[J]．劳动保障世界，2017，（26）：21，24.

[143]胥丽．债务危机背景下西方福利国家模式的困境与启示[J]．江西社会科学，2012，32（06）：186 – 190.

[144]鲁超．我国农村扶贫开发模式研究——以河南省台前县为例[D]．郑州：郑州大学，2006.

[145]瑞鑫．GB模式：扶贫与商业的平衡艺术[J]．法人，2006，（11）：106 – 107.

[146]王治坤．河南省虞城县GB模式运作情况及对救灾扶贫周转金工作的借鉴意义[J]．民政论坛，1997，（05）：17 – 19.

[147]郝同武，袁桂启，许国永．孟加拉GB扶贫模式在易县[J]．经济论坛，1998，（06）：16 – 17.

[148]高天山，王嘉禾．浅析GB模式运行机理及其对我国到户信贷扶贫主流形态的补缺性功能[J]．三门峡职业技术学院学报，2014，13（03）：90 – 92.

[149]周建立，袁春剑．"均衡发展理论"视角下广西少数民族贫困地区发展研究[J]．贺州学院学报，2017，33（01）：54 – 58.

[150]普成林，蜂建金，潘玉君．云南省贫困、民族、山区县义务教育均衡发展的初步研究——以墨江哈尼族自治县为例[J]．西南农业大学学报：社会科学版，2010，8（06）：218 – 222.

[151]姚新霞，张鹏，杨晋娟．利用云教室促进贫困地区远程高等教育均衡发展研究——来自

新疆广播电视大学的实践[J]. 现代教育技术, 2018, 28(08): 85 – 91.

[152]王宁. 科学界定事权 合理划分支出责任 促进贫困地区经济社会均衡发展[J]. 预算管理与会计, 2018, (08): 55 – 56.

[153]张丽荣, 王夏晖, 侯一蕾, 等. 我国生物多样性保护与减贫协同发展模式探索[J]. 生物多样性, 2015, 23(02): 271 – 277.

[154]邵秀英, 冯卫红. 基于产业发展的古村落保护与减贫协调发展模式研究——以山西省为例[J]. 经济研究参考, 2015, (52): 35 – 40.

[155]FOMETE T, VERMAAT J. Community forestry and poverty alleviation in Cameroon[J]. 2001.

[156]SUNDERLIN WD. Poverty alleviation through community forestry in Cambodia, Laos, and Vietnam: An assessment of the potential[J]. Forest Policy & Economics, 2006, 8(04): 1 – 396.

[157]ADAM Y, ELTAYEB A. Forestry decentralization and poverty alleviation: A review[J]. Forest Policy and Economics, 2016, 73: 300 – 307.

[158]王钢, 周绍炳, 刘宗泉, 等. 发展林下经济助力精准扶贫的问题与对策[J]. 现代农业科技, 2016, (21): 133 – 134, 136.

[159]窦亚权, 余红红, 王雅男, 等. 我国林业扶贫工作的研究进展及趋势分析[J]. 林业经济, 2018, 40(06): 9 – 15.

[160]李珍, 商迪, 赵荣, 等. 林业产业发展对贫困人口数量的影响研究——基于3个贫困县调查数据的实证分析[J]. 林业经济, 2017, 39(10): 35 – 39, 65.

[161]钱腾, 仇晓璐, 赵荣, 等. 山西林业精准扶贫模式研究[J]. 林业经济, 2017, 39(08): 42 – 46, 92.

[162]彭斌, 刘俊昌. 民族地区绿色扶贫新的突破口——广西发展林下经济促农增收脱贫路径初探[J]. 学术论坛, 2013, 36(11): 100 – 104, 134.

[163]韩锋, 韩非, 赵荣. 林业精准扶贫若干问题研究——以湖南湖北两省为例[J]. 林业经济, 2017, 39(08): 37 – 41.

[164]韩文洪. 林业产业化建设与山区脱贫——云南省镇雄县杉树乡林业扶贫案例[J]. 绿色中国, 2005, (04): 58 – 60.

[165]赵荣, 杨旭东, 陈绍志, 等. 林业扶贫模式研究[J]. 林业经济, 2014, 36(08): 98 – 102.

[166]刘维忠, 陈玉兰, 韦振江. 内陆干旱地区林业生态工程扶贫开发模式的探索[J]. 生态经济, 2008, (12): 85 – 87.

[167]张莉, 夏梦丽. 林业生态扶贫研究进展[J]. 世界林业研究, 2018, 31(04): 8 – 12.

[168]宁攸凉, 谢和生, 赵荣. 中国林业扶贫攻坚政策支持难点、成因及对策[J]. 林业经济, 2015, 37(06): 3 – 6.

[169]骆胜东, 汪红卫, 田春艳. 武陵山区东北门户的林业扶贫攻坚策略[J]. 湖北林业科技, 2012, (05): 68 – 70.

[170]莫光辉. 绿色减贫: 脱贫攻坚战的生态扶贫价值取向与实现路径——精准扶贫绩效提升机制系列研究之二[J]. 现代经济探讨, 2016, (11): 10 – 14.

[171]杨伯儒. 云南省旅游业人才队伍建设策略优选研究[D]. 昆明: 昆明理工大学, 2016.

[172]游海鱼. 旅游产业竞争力系统动力学模型应用研究[D]. 昆明: 云南财经大学, 2009.

［173］韩婷，许亚男．河北省林业扶贫策略分析——以燕山—太行山集中连片特困地区为例［J］．现代经济信息，2015，（14）：409.

［174］窦亚权，余红红，王雅男，等．云南少数民族贫困县林业扶贫策略研究［J］．林业经济，2018，40（10）：26-29.

［175］辛金国，关建清．基于数据挖掘民营上市公司绩效评价研究探索［J］．中国管理科学，2012，20（S1）：114-119.

［176］薛梦影，康娜，曲奕盈，等．基于"钻石模型"的普洱咖啡产业发展研究［J］．现代商业，2014，（17）：134-135.

［177］PORTER ME. Competitive strategy：Techniques for analyzing industries and competitors［M］. Simon and Schuster，2008.

［178］王化成．绩效评价的伟大变革，战略管理的有效工具——评《平衡计分卡：驱动绩效的量度》［J］．管理学家：学术版，2013，（08）：92-94.

［179］李宁．基于产业融合视角的旅游企业发展研究［D］．青岛：中国海洋大学，2013.

［180］李宇环．地方政府战略管理能力评价模型与指标体系［J］．中国行政管理，2015，（02）：72-77.

［181］INGRAHAM P W，DONAHUE A K. Dissecting the black box revisited：Characterizing government management capacity［J］. Governance and performance：New perspectives，2000：292-318.

［182］SAICH T. 对政府绩效的满意度：中国农村和城市的民意调查［M］．北京：清华大学出版社，2006.

［183］AUBEL J. Participatory Program Evaluation. A Manual for Involving Program Stakeholders in the Evaluation Process［J］. Agency for International Development（ID-CA），Washington，DC：1995，（6）：R0094，1995.

［184］FLYNN N. Public sector management［M］. New Jersery：Prentice Hall，1997.

［185］程素杰，张国兴，张绪涛．公共项目绩效管理考评指标体系模型研究［J］．华东经济管理，2013，27（02）：123-127.

［186］李海琳，赵国杰，郝清民．国外企业绩效评价研究综述［J］．山东财政学院学报，2007，（04）：85-88.

［187］田晋．民族地区村域扶贫效果评价体系构建探究［J］．边疆经济与文化，2007，（09）：19-20.

［188］李兴江，陈怀叶．参与式扶贫开发模式是贫困地区培育新型农民的有效载体［J］．甘肃省经济管理干部学院学报，2008，（02）：3-6.

［189］李兴江，陈怀叶．参与式扶贫模式的运行机制及绩效评价［J］．开发研究，2008，（02）：94-99.

［190］李兴江，陈怀叶．参与式整村推进扶贫模式扶贫绩效的实证分析——以甘肃省徽县麻安村为例［J］．甘肃社会科学，2008，（06）：53-56.

［191］庄天慧，张海霞，傅新红．少数民族地区村级发展环境对贫困人口返贫的影响分析——基于四川、贵州、重庆少数民族地区67个村的调查［J］．农业技术经济，2011，（02）：41-49.

［192］庄天慧，张海霞，余崇媛．西南少数民族贫困县反贫困综合绩效模糊评价——以 10 个国家扶贫重点县为例［J］．西北人口，2012，33（03）：89 - 93，98.

［193］王宝珍，龚新蜀．边疆少数民族地区扶贫开发绩效评价——以新疆南疆三地州连片特困地区为例［J］．广东农业科学，2013，40（24）：214 - 218.

［194］陈小丽．基于多层次分析法的湖北民族地区扶贫绩效评价［J］．中南民族大学学报：人文社会科学版，2015，35（03）：76 - 80.

［195］田翠翠，刘黎黎，田世政．重庆高山纳凉村旅游精准扶贫效应评价指数模型［J］．资源开发与市场，2016，32（12）：1436 - 1440.

［196］FAN S，HAZELL P，THORAT S．Government spending, growth and poverty in rural India［J］．American journal of agricultural economics，2000，82（4）：1038 - 1051.

［197］PRICE J L．Handbook of organizational measurement［J］．International journal of manpower，1997，18（04/05/06）：305 - 558.

［198］段妍珺．贵州省精准扶贫绩效研究［D］．贵阳：贵州大学，2016.

［199］陈维佳．印度尼西亚扶贫开发策略研究［J］．法制与社会，2013，（21）：176 - 177.

［200］付英，张艳荣．兰州市扶贫开发绩效评价及其启示［J］．湖南农业大学学报：社会科学版，2011，12（05）：25 - 30.

［201］毕祯．河北省财政扶贫绩效评价指标体系研究［D］．秦皇岛：燕山大学，2012.

［202］黄梅芳，于春玉．民族旅游扶贫绩效评价指标体系及其实证研究［J］．桂林理工大学学报，2014，34（02）：406 - 410.

［203］张笑薇．西部地区旅游扶贫机制选择与绩效评价［J］．改革与战略，2016，32（11）：101 - 106.

［204］刘攀，张英．基于统计的贵州林业扶贫攻坚成效分析［J］．林业经济，2017，39（05）：93 - 96.

［205］闫立辉．拜泉县着力培育林下经济全产业链的措施［J］．基层农技推广，2017，5（11）：83 - 84.

［206］邹杰，兰张丽，覃惠莉．广西柳州市林下经济发展模式及对策研究［J］．绿色科技，2013，（01）：104 - 106.

［207］廖灵芝，李显华．林下经济发展的制约因素及对策建议——基于云南省大关县的调查［J］．中国林业经济，2012，（01）：10 - 12.

［208］靳雅棋．基于农户视角的林下经济效益评价［D］．北京：中国林业科学研究院，2016.

［209］张连刚，支玲，王见．林下经济研究进展及趋势分析［J］．林业经济问题，2013，33（06）：562 - 567.

［210］王雅男，余红红，窦亚权，等．云南省怒江州泸水市林下产业绿色发展环境解析及对策研究［J］．科学大众：科学教育版，2018，（07）：186 - 187.

［211］王虎，夏自谦，冯达．河北省林下经济产业规划布局研究［J］．安徽农业科学，2010，38（13）：7041 - 7043.

［212］王虎，夏自谦．基于区位商法的北京市林下经济产业布局研究［J］．四川林勘设计，2010，（01）：27 - 30.

［213］石国欢．桂南地区林下经济模式及其产业发展对策［J］．南方农业，2016，10（27）：

93 – 94.

[214]宋媛. 云南省扶贫开发报告[J]. 新西部，2018：114 – 131.

[215]孙璐. 扶贫项目绩效评估研究——基于精准扶贫的视角[D]. 北京：中国农业大学，2015.

[216]韩锋，郝学峰，包雪梅，等. 少数民族地区林业精准扶贫效果分析——基于云南省怒江州贡山、福贡两县调研[J]. 林业经济，2017，39(10)：15 – 20.

[217]赵晓峰，邢成举. 农民合作社与精准扶贫协同发展机制构建：理论逻辑与实践路径[J]. 农业经济问题，2016，37(04)：23 – 29，110.

[218]李兴江，陈怀叶. 贫困地区培育新型农民的有效机制——基于甘肃省徽县麻安村的调查[J]. 兰州大学学报：社会科学版，2008，36(06)：122 – 127.

[219]李琼，李勇，吴雄周. 我国教育精准扶贫成效及长效机制构建研究[J]. 中国集体经济，2019，(02)：87 – 89.

[220]李兴江，陈开军. 人才资本开发与经济增长的实证分析——以西北地区为例[J]. 宁夏大学学报：人文社会科学版，2008，(04)：106 – 110，115.

[221]李延. 精准扶贫绩效考核机制的现实难点与应对[J]. 青海社会科学，2016，(03)：132 – 137.

附 录

附录1 中共中央 国务院关于坚持农业农村优先发展
　　　做好"三农"工作的若干意见

（2019 年 1 月 3 日）

　　今明两年是全面建成小康社会的决胜期，"三农"领域有不少必须完成的硬任务。党中央认为，在经济下行压力加大、外部环境发生深刻变化的复杂形势下，做好"三农"工作具有特殊重要性。必须坚持把解决好"三农"问题作为全党工作重中之重不动摇，进一步统一思想、坚定信心、落实工作，巩固发展农业农村好形势，发挥"三农"压舱石作用，为有效应对各种风险挑战赢得主动，为确保经济持续健康发展和社会大局稳定、如期实现第一个百年奋斗目标奠定基础。

　　做好"三农"工作，要以习近平新时代中国特色社会主义思想为指导，全面贯彻党的十九大和十九届二中、三中全会以及中央经济工作会议精神，紧紧围绕统筹推进"五位一体"总体布局和协调推进"四个全面"战略布局，牢牢把握稳中求进工作总基调，落实高质量发展要求，坚持农业农村优先发展总方针，以实施乡村振兴战略为总抓手，对标全面建成小康社会"三农"工作必须完成的硬任务，适应国内外复杂形势变化对农村改革发展提出的新要求，抓重点、补短板、强基础，围绕"巩固、增强、提升、畅通"深化农业供给侧结构性改革，坚决打赢脱贫攻坚战，充分发挥农村基层党组织战斗堡垒作用，全面推进乡村振兴，确保顺利完成到 2020 年承诺的农村改革发展目标任务。

一、聚力精准施策，决战决胜脱贫攻坚

　　（一）不折不扣完成脱贫攻坚任务。咬定既定脱贫目标，落实已有政策部署，到 2020 年确保现行标准下农村贫困人口实现脱贫、贫困县全部摘帽、解决区域性整体贫困。坚持现行扶贫标准，全面排查解决影响"两不愁三保障"实现的突出问题，防止盲目拔高标准、吊高胃口，杜绝数字脱贫、虚假脱贫。加强

脱贫监测。进一步压实脱贫攻坚责任，落实最严格的考核评估，精准问责问效。继续加强东西部扶贫协作和中央单位定点扶贫。深入推进抓党建促脱贫攻坚。组织开展常态化约谈，发现问题随时约谈。用好脱贫攻坚专项巡视成果，推动落实脱贫攻坚政治责任。

（二）主攻深度贫困地区。瞄准制约深度贫困地区精准脱贫的重点难点问题，列出清单，逐项明确责任，对账销号。重大工程建设项目继续向深度贫困地区倾斜，特色产业扶贫、易地扶贫搬迁、生态扶贫、金融扶贫、社会帮扶、干部人才等政策措施向深度贫困地区倾斜。各级财政优先加大"三区三州"脱贫攻坚资金投入。对"三区三州"外贫困人口多、贫困发生率高、脱贫难度大的深度贫困地区，也要统筹资金项目，加大扶持力度。

（三）着力解决突出问题。注重发展长效扶贫产业，着力解决产销脱节、风险保障不足等问题，提高贫困人口参与度和直接受益水平。强化易地扶贫搬迁后续措施，着力解决重搬迁、轻后续帮扶问题，确保搬迁一户、稳定脱贫一户。加强贫困地区义务教育控辍保学，避免因贫失学辍学。落实基本医疗保险、大病保险、医疗救助等多重保障措施，筑牢乡村卫生服务网底，保障贫困人口基本医疗需求。扎实推进生态扶贫，促进扶贫开发与生态保护相协调。坚持扶贫与扶志扶智相结合，加强贫困地区职业教育和技能培训，加强开发式扶贫与保障性扶贫统筹衔接，着力解决"一兜了之"和部分贫困人口等靠要问题，增强贫困群众内生动力和自我发展能力。切实加强一线精准帮扶力量，选优配强驻村工作队伍。关心关爱扶贫干部，加大工作支持力度，帮助解决实际困难，解除后顾之忧。持续开展扶贫领域腐败和作风问题专项治理，严厉查处虚报冒领、贪占挪用和优亲厚友、吃拿卡要等问题。

（四）巩固和扩大脱贫攻坚成果。攻坚期内贫困县、贫困村、贫困人口退出后，相关扶贫政策保持稳定，减少和防止贫困人口返贫。研究解决收入水平略高于建档立卡贫困户的群众缺乏政策支持等新问题。坚持和推广脱贫攻坚中的好经验好做法好路子。做好脱贫攻坚与乡村振兴的衔接，对摘帽后的贫困县要通过实施乡村振兴战略巩固发展成果，接续推动经济社会发展和群众生活改善。总结脱贫攻坚的实践创造和伟大精神。及早谋划脱贫攻坚目标任务 2020 年完成后的战略思路。

二、夯实农业基础，保障重要农产品有效供给

（一）稳定粮食产量。毫不放松抓好粮食生产，推动藏粮于地、藏粮于技落实落地，确保粮食播种面积稳定在 16.5 亿亩①。稳定完善扶持粮食生产政策举

---

① 文件中以"亩"为单位，并未进行国际单位换算，下同。

措，挖掘品种、技术、减灾等稳产增产潜力，保障农民种粮基本收益。发挥粮食主产区优势，完善粮食主产区利益补偿机制，健全产粮大县奖补政策。压实主销区和产销平衡区稳定粮食生产责任。严守18亿亩耕地红线，全面落实永久基本农田特殊保护制度，确保永久基本农田保持在15.46亿亩以上。建设现代气象为农服务体系。强化粮食安全省长责任制考核。

（二）完成高标准农田建设任务。巩固和提高粮食生产能力，到2020年确保建成8亿亩高标准农田。修编全国高标准农田建设总体规划，统一规划布局、建设标准、组织实施、验收考核、上图入库。加强资金整合，创新投融资模式，建立多元筹资机制。实施区域化整体建设，推进田水林路电综合配套，同步发展高效节水灌溉。全面完成粮食生产功能区和重要农产品生产保护区划定任务，高标准农田建设项目优先向"两区"安排。恢复启动新疆优质棉生产基地建设，将糖料蔗"双高"基地建设范围覆盖到划定的所有保护区。进一步加强农田水利建设。推进大中型灌区续建配套节水改造与现代化建设。加大东北黑土地保护力度。加强华北地区地下水超采综合治理。推进重金属污染耕地治理修复和种植结构调整试点。

（三）调整优化农业结构。大力发展紧缺和绿色优质农产品生产，推进农业由增产导向转向提质导向。深入推进优质粮食工程。实施大豆振兴计划，多途径扩大种植面积。支持长江流域油菜生产，推进新品种新技术示范推广和全程机械化。积极发展木本油料。实施奶业振兴行动，加强优质奶源基地建设，升级改造中小奶牛养殖场，实施婴幼儿配方奶粉提升行动。合理调整粮经饲结构，发展青贮玉米、苜蓿等优质饲草料生产。合理确定内陆水域养殖规模，压减近海、湖库过密网箱养殖，推进海洋牧场建设，规范有序发展远洋渔业。降低江河湖泊和近海渔业捕捞强度，全面实施长江水生生物保护区禁捕。实施农产品质量安全保障工程，健全监管体系、监测体系、追溯体系。加大非洲猪瘟等动物疫情监测防控力度，严格落实防控举措，确保产业安全。

（四）加快突破农业关键核心技术。强化创新驱动发展，实施农业关键核心技术攻关行动，培育一批农业战略科技创新力量，推动生物种业、重型农机、智慧农业、绿色投入品等领域自主创新。建设农业领域国家重点实验室等科技创新平台基地，打造产学研深度融合平台，加强国家现代农业产业技术体系、科技创新联盟、产业创新中心、高新技术产业示范区、科技园区等建设。强化企业技术创新主体地位，培育农业科技创新型企业，支持符合条件的企业牵头实施技术创新项目。继续组织实施水稻、小麦、玉米、大豆和畜禽良种联合攻关，加快选育和推广优质草种。支持薄弱环节适用农机研发，促进农机装备产业转型升级，加快推进农业机械化。加强农业领域知识产权创造与应用。加快先进实用技术集成创新与推广应用。建立健全农业科研成果产权制度，赋予科研人员科技成果所有权，完善人才评价和流动保障机制，落实兼职兼薪、成果权益分配政策。

（五）实施重要农产品保障战略。加强顶层设计和系统规划，立足国内保障粮食等重要农产品供给，统筹用好国际国内两个市场、两种资源，科学确定国内重要农产品保障水平，健全保障体系，提高国内安全保障能力。将稻谷、小麦作为必保品种，稳定玉米生产，确保谷物基本自给、口粮绝对安全。加快推进粮食安全保障立法进程。在提质增效基础上，巩固棉花、油料、糖料、天然橡胶生产能力。加快推进并支持农业走出去，加强"一带一路"农业国际合作，主动扩大国内紧缺农产品进口，拓展多元化进口渠道，培育一批跨国农业企业集团，提高农业对外合作水平。加大农产品反走私综合治理力度。

三、扎实推进乡村建设，加快补齐农村人居环境和公共服务短板

（一）抓好农村人居环境整治三年行动。深入学习推广浙江"千村示范、万村整治"工程经验，全面推开以农村垃圾污水治理、厕所革命和村容村貌提升为重点的农村人居环境整治，确保到2020年实现农村人居环境阶段性明显改善，村庄环境基本干净整洁有序，村民环境与健康意识普遍增强。鼓励各地立足实际、因地制宜，合理选择简便易行、长期管用的整治模式，集中攻克技术难题。建立地方为主、中央补助的政府投入机制。中央财政对农村厕所革命整村推进等给予补助，对农村人居环境整治先进县给予奖励。中央预算内投资安排专门资金支持农村人居环境整治。允许县级按规定统筹整合相关资金，集中用于农村人居环境整治。鼓励社会力量积极参与，将农村人居环境整治与发展乡村休闲旅游等有机结合。广泛开展村庄清洁行动。开展美丽宜居村庄和最美庭院创建活动。农村人居环境整治工作要同农村经济发展水平相适应、同当地文化和风土人情相协调，注重实效，防止做表面文章。

（二）实施村庄基础设施建设工程。推进农村饮水安全巩固提升工程，加强农村饮用水水源地保护，加快解决农村"吃水难"和饮水不安全问题。全面推进"四好农村路"建设，加大"路长制"和示范县实施力度，实现具备条件的建制村全部通硬化路，有条件的地区向自然村延伸。加强村内道路建设。全面实施乡村电气化提升工程，加快完成新一轮农村电网改造。完善县乡村物流基础设施网络，支持产地建设农产品贮藏保鲜、分级包装等设施，鼓励企业在县乡和具备条件的村建立物流配送网点。加快推进宽带网络向村庄延伸，推进提速降费。继续推进农村危房改造。健全村庄基础设施建管长效机制，明确各方管护责任，鼓励地方将管护费用纳入财政预算。

（三）提升农村公共服务水平。全面提升农村教育、医疗卫生、社会保障、养老、文化体育等公共服务水平，加快推进城乡基本公共服务均等化。推动城

乡义务教育一体化发展，深入实施农村义务教育学生营养改善计划。实施高中阶段教育普及攻坚计划，加强农村儿童健康改善和早期教育、学前教育。加快标准化村卫生室建设，实施全科医生特岗计划。建立健全统一的城乡居民基本医疗保险制度，同步整合城乡居民大病保险。完善城乡居民基本养老保险待遇确定和基础养老金正常调整机制。统筹城乡社会救助体系，完善最低生活保障制度、优抚安置制度。加快推进农村基层综合性文化服务中心建设。完善农村留守儿童和妇女、老年人关爱服务体系，支持多层次农村养老事业发展，加强和改善农村残疾人服务。推动建立城乡统筹的基本公共服务经费投入机制，完善农村基本公共服务标准。

（四）加强农村污染治理和生态环境保护。统筹推进山水林田湖草系统治理，推动农业农村绿色发展。加大农业面源污染治理力度，开展农业节肥节药行动，实现化肥农药使用量负增长。发展生态循环农业，推进畜禽粪污、秸秆、农膜等农业废弃物资源化利用，实现畜牧养殖大县粪污资源化利用整县治理全覆盖，下大力气治理白色污染。扩大轮作休耕制度试点。创建农业绿色发展先行区。实施乡村绿化美化行动，建设一批森林乡村，保护古树名木，开展湿地生态效益补偿和退耕还湿。全面保护天然林。加强"三北"地区退化防护林修复。扩大退耕还林还草，稳步实施退牧还草。实施新一轮草原生态保护补助奖励政策。落实河长制、湖长制，推进农村水环境治理，严格乡村河湖水域岸线等水生态空间管理。

（五）强化乡村规划引领。把加强规划管理作为乡村振兴的基础性工作，实现规划管理全覆盖。以县为单位抓紧编制或修编村庄布局规划，县级党委和政府要统筹推进乡村规划工作。按照先规划后建设的原则，通盘考虑土地利用、产业发展、居民点建设、人居环境整治、生态保护和历史文化传承，注重保持乡土风貌，编制多规合一的实用性村庄规划。加强农村建房许可管理。

四、发展壮大乡村产业，拓宽农民增收渠道

（一）加快发展乡村特色产业。因地制宜发展多样性特色农业，倡导"一村一品"、"一县一业"。积极发展果菜茶、食用菌、杂粮杂豆、薯类、中药材、特色养殖、林特花卉苗木等产业。支持建设一批特色农产品优势区。创新发展具有民族和地域特色的乡村手工业，大力挖掘农村能工巧匠，培育一批家庭工场、手工作坊、乡村车间。健全特色农产品质量标准体系，强化农产品地理标志和商标保护，创响一批"土字号"、"乡字号"特色产品品牌。

（二）大力发展现代农产品加工业。以"粮头食尾"、"农头工尾"为抓手，支持主产区依托县域形成农产品加工产业集群，尽可能把产业链留在县域，改变农村卖原料、城市搞加工的格局。支持发展适合家庭农场和农民合作社经营的

农产品初加工，支持县域发展农产品精深加工，建成一批农产品专业村镇和加工强县。统筹农产品产地、集散地、销地批发市场建设，加强农产品物流骨干网络和冷链物流体系建设。培育农业产业化龙头企业和联合体，推进现代农业产业园、农村产业融合发展示范园、农业产业强镇建设。健全农村一二三产业融合发展利益联结机制，让农民更多分享产业增值收益。

（三）发展乡村新型服务业。支持供销、邮政、农业服务公司、农民合作社等开展农技推广、土地托管、代耕代种、统防统治、烘干收储等农业生产性服务。充分发挥乡村资源、生态和文化优势，发展适应城乡居民需要的休闲旅游、餐饮民宿、文化体验、健康养生、养老服务等产业。加强乡村旅游基础设施建设，改善卫生、交通、信息、邮政等公共服务设施。

（四）实施数字乡村战略。深入推进"互联网＋农业"，扩大农业物联网示范应用。推进重要农产品全产业链大数据建设，加强国家数字农业农村系统建设。继续开展电子商务进农村综合示范，实施"互联网＋"农产品出村进城工程。全面推进信息进村入户，依托"互联网＋"推动公共服务向农村延伸。

（五）促进农村劳动力转移就业。落实更加积极的就业政策，加强就业服务和职业技能培训，促进农村劳动力多渠道转移就业和增收。发展壮大县域经济，引导产业有序梯度转移，支持适宜产业向小城镇集聚发展，扶持发展吸纳就业能力强的乡村企业，支持企业在乡村兴办生产车间、就业基地，增加农民就地就近就业岗位。稳定农民工就业，保障工资及时足额发放。加快农业转移人口市民化，推进城镇基本公共服务常住人口全覆盖。

（六）支持乡村创新创业。鼓励外出农民工、高校毕业生、退伍军人、城市各类人才返乡下乡创新创业，支持建立多种形式的创业支撑服务平台，完善乡村创新创业支持服务体系。落实好减税降费政策，鼓励地方设立乡村就业创业引导基金，加快解决用地、信贷等困难。加强创新创业孵化平台建设，支持创建一批返乡创业园，支持发展小微企业。

五、全面深化农村改革，激发乡村发展活力

（一）巩固和完善农村基本经营制度。坚持家庭经营基础性地位，赋予双层经营体制新的内涵。突出抓好家庭农场和农民合作社两类新型农业经营主体，启动家庭农场培育计划，开展农民合作社规范提升行动，深入推进示范合作社建设，建立健全支持家庭农场、农民合作社发展的政策体系和管理制度。落实扶持小农户和现代农业发展有机衔接的政策，完善"农户＋合作社"、"农户＋公司"利益联结机制。加快培育各类社会化服务组织，为一家一户提供全程社会化服务。加快出台完善草原承包经营制度的意见。加快推进农业水价综合改革，健全节水激励机制。继续深化供销合作社综合改革，制定供销合作社条例。深

化集体林权制度和国有林区林场改革。大力推进农垦垦区集团化、农场企业化改革。

（二）深化农村土地制度改革。保持农村土地承包关系稳定并长久不变，研究出台配套政策，指导各地明确第二轮土地承包到期后延包的具体办法，确保政策衔接平稳过渡。完善落实集体所有权、稳定农户承包权、放活土地经营权的法律法规和政策体系。在基本完成承包地确权登记颁证工作基础上，开展"回头看"，做好收尾工作，妥善化解遗留问题，将土地承包经营权证书发放至农户手中。健全土地流转规范管理制度，发展多种形式农业适度规模经营，允许承包土地的经营权担保融资。总结好农村土地制度三项改革试点经验，巩固改革成果。坚持农村土地集体所有、不搞私有化，坚持农地农用、防止非农化，坚持保障农民土地权益、不得以退出承包地和宅基地作为农民进城落户条件，进一步深化农村土地制度改革。在修改相关法律的基础上，完善配套制度，全面推开农村土地征收制度改革和农村集体经营性建设用地入市改革，加快建立城乡统一的建设用地市场。加快推进宅基地使用权确权登记颁证工作，力争2020年基本完成。稳慎推进农村宅基地制度改革，拓展改革试点，丰富试点内容，完善制度设计。抓紧制定加强农村宅基地管理指导意见。研究起草农村宅基地使用条例。开展闲置宅基地复垦试点。允许在县域内开展全域乡村闲置校舍、厂房、废弃地等整治，盘活建设用地重点用于支持乡村新产业新业态和返乡下乡创业。严格农业设施用地管理，满足合理需求。巩固"大棚房"问题整治成果。按照"取之于农，主要用之于农"的要求，调整完善土地出让收入使用范围，提高农业农村投入比例，重点用于农村人居环境整治、村庄基础设施建设和高标准农田建设。扎实开展新增耕地指标和城乡建设用地增减挂钩节余指标跨省域调剂使用，调剂收益全部用于巩固脱贫攻坚成果和支持乡村振兴。加快修订土地管理法、物权法等法律法规。

（三）深入推进农村集体产权制度改革。按期完成全国农村集体资产清产核资，加快农村集体资产监督管理平台建设，建立健全集体资产各项管理制度。指导农村集体经济组织在民主协商的基础上，做好成员身份确认，注重保护外嫁女等特殊人群的合法权利，加快推进农村集体经营性资产股份合作制改革，继续扩大试点范围。总结推广资源变资产、资金变股金、农民变股东经验。完善农村集体产权权能，积极探索集体资产股权质押贷款办法。研究制定农村集体经济组织法。健全农村产权流转交易市场，推动农村各类产权流转交易公开规范运行。研究完善适合农村集体经济组织特点的税收优惠政策。

（四）完善农业支持保护制度。按照增加总量、优化存量、提高效能的原则，强化高质量绿色发展导向，加快构建新型农业补贴政策体系。按照适应世贸组织规则、保护农民利益、支持农业发展的原则，抓紧研究制定完善农业支持保护政策的意见。调整改进"黄箱"政策，扩大"绿箱"政策使用范围。按照更好发挥市场机制作用取向，完善稻谷和小麦最低收购价政策。完善玉米和大豆生产者补贴政策。健全农业信贷担保费率补助和以奖代补机制，研究制定担保机构业务考核的具体办法，加快做大担保规模。按照扩面增品提标的要求，完善农业保险政策。推进稻谷、小麦、玉米完全成本保险和收入保险试点。扩大农业大灾保险试点和"保险＋期货"试点。探索对地方优势特色农产品保险实施以奖代补试点。打通金融服务"三农"各个环节，建立县域银行业金融机构服务"三农"的激励约束机制，实现普惠性涉农贷款增速总体高于各项贷款平均增速。推动农村商业银行、农村合作银行、农村信用社逐步回归本源，为本地"三农"服务。研究制定商业银行"三农"事业部绩效考核和激励的具体办法。用好差别化准备金率和差异化监管等政策，切实降低"三农"信贷担保服务门槛，鼓励银行业金融机构加大对乡村振兴和脱贫攻坚中长期信贷支持力度。支持重点领域特色农产品期货期权品种上市。

六、完善乡村治理机制，保持农村社会和谐稳定

（一）增强乡村治理能力。建立健全党组织领导的自治、法治、德治相结合的领导体制和工作机制，发挥群众参与治理主体作用。开展乡村治理体系建设试点和乡村治理示范村镇创建。加强自治组织规范化制度化建设，健全村级议事协商制度，推进村级事务公开，加强村级权力有效监督。指导农村普遍制定或修订村规民约。推进农村基层依法治理，建立健全公共法律服务体系。加强农业综合执法。

（二）加强农村精神文明建设。引导农民践行社会主义核心价值观，巩固党在农村的思想阵地。加强宣传教育，做好农民群众的思想工作，宣传党的路线方针和强农惠农富农政策，引导农民听党话、感党恩、跟党走。开展新时代文明实践中心建设试点，抓好县级融媒体中心建设。深化拓展群众性精神文明创建活动，推出一批农村精神文明建设示范县、文明村镇、最美家庭，挖掘和树立道德榜样典型，发挥示范引领作用。支持建设文化礼堂、文化广场等设施，培育特色文化村镇、村寨。持续推进农村移风易俗工作，引导和鼓励农村基层群众性自治组织采取约束性强的措施，对婚丧陋习、天价彩礼、孝道式微、老无所养等不良社会风气进行治理。

（三）持续推进平安乡村建设。深入推进扫黑除恶专项斗争，严厉打击农村黑恶势力，杜绝"村霸"等黑恶势力对基层政权的侵蚀。严厉打击敌对势力、邪教组织、非法宗教活动向农村地区的渗透。推进纪检监察工作向基层延伸，坚决查处发生在农民身边的不正之风和腐败问题。健全落实社会治安综合治理领导责任制。深化拓展网格化服务管理，整合配优基层一线平安建设力量，把更

多资源、服务、管理放到农村社区。加强乡村交通、消防、公共卫生、食品药品安全、地质灾害等公共安全事件易发领域隐患排查和专项治理。加快建设信息化、智能化农村社会治安防控体系，继续推进农村"雪亮工程"建设。坚持发展新时代"枫桥经验"，完善农村矛盾纠纷排查调处化解机制，提高服务群众、维护稳定的能力和水平。

七、发挥农村党支部战斗堡垒作用，全面加强农村基层组织建设

（一）强化农村基层党组织领导作用。抓实建强农村基层党组织，以提升组织力为重点，突出政治功能，持续加强农村基层党组织体系建设。增加先进支部、提升中间支部、整顿后进支部，以县为单位对软弱涣散村党组织"一村一策"逐个整顿。对村"两委"换届进行一次"回头看"，坚决把受过刑事处罚、存在"村霸"和涉黑涉恶等问题的村"两委"班子成员清理出去。实施村党组织带头人整体优化提升行动，配齐配强班子。全面落实村党组织书记县级党委备案管理制度。建立第一书记派驻长效工作机制，全面向贫困村、软弱涣散村和集体经济空壳村派出第一书记，并向乡村振兴任务重的村拓展。加大从高校毕业生、农民工、退伍军人、机关事业单位优秀党员中培养选拔村党组织书记力度。健全从优秀村党组织书记中选拔乡镇领导干部、考录乡镇公务员、招聘乡镇事业编制人员的常态化机制。落实村党组织 5 年任期规定，推动全国村"两委"换届与县乡换届同步进行。优化农村党员队伍结构，加大从青年农民、农村外出务工人员中发展党员力度。健全县级党委抓乡促村责任制，县乡党委要定期排查并及时解决基层组织建设突出问题。加强和改善村党组织对村级各类组织的领导，健全以党组织为领导的村级组织体系。全面推行村党组织书记通过法定程序担任村委会主任，推行村"两委"班子成员交叉任职，提高村委会成员和村民代表中党员的比例。加强党支部对村级集体经济组织的领导。全面落实"四议两公开"，健全村级重要事项、重大问题由村党组织研究讨论机制。

（二）发挥村级各类组织作用。理清村级各类组织功能定位，实现各类基层组织按需设置、按职履责、有人办事、有章理事。村民委员会要履行好基层群众性自治组织功能，增强村民自我管理、自我教育、自我服务能力。全面建立健全村务监督委员会，发挥在村务决策和公开、财产管理、工程项目建设、惠农政策措施落实等事项上的监督作用。强化集体经济组织服务功能，发挥在管理集体资产、合理开发集体资源、服务集体成员等方面的作用。发挥农村社会组织在服务农民、树立新风等方面的积极作用。

（三）强化村级组织服务功能。按照有利于村级组织建设、有利于服务群众的原则，将适合村级组织代办或承接的工作事项交由村级组织，并保障必要工作条件。规范村级组织协助政府工作事项，防止随意增加村级组织工作负担。

统筹乡镇站所改革，强化乡镇为农服务体系建设，确保乡镇有队伍、有资源为农服务。

（四）完善村级组织运转经费保障机制。健全以财政投入为主的稳定的村级组织运转经费保障制度，全面落实村干部报酬待遇和村级组织办公经费，建立正常增长机制，保障村级公共服务运行维护等其他必要支出。把发展壮大村级集体经济作为发挥农村基层党组织领导作用的重要举措，加大政策扶持和统筹推进力度，因地制宜发展壮大村级集体经济，增强村级组织自我保障和服务农民能力。

八、加强党对"三农"工作的领导，落实农业农村优先发展总方针

（一）强化五级书记抓乡村振兴的制度保障。实行中央统筹、省负总责、市县乡抓落实的农村工作机制，制定落实五级书记抓乡村振兴责任的实施细则，严格督查考核。加强乡村振兴统计监测工作。2019年各省（自治区、直辖市）党委要结合本地实际，出台市县党政领导班子和领导干部推进乡村振兴战略的实绩考核意见，并加强考核结果应用。各地区各部门要抓紧梳理全面建成小康社会必须完成的硬任务，强化工作举措，确保2020年圆满完成各项任务。

（二）牢固树立农业农村优先发展政策导向。各级党委和政府必须把落实"四个优先"的要求作为做好"三农"工作的头等大事，扛在肩上、抓在手上，同政绩考核联系到一起，层层落实责任。优先考虑"三农"干部配备，把优秀干部充实到"三农"战线，把精锐力量充实到基层一线，注重选拔熟悉"三农"工作的干部充实地方各级党政班子。优先满足"三农"发展要素配置，坚决破除妨碍城乡要素自由流动、平等交换的体制机制壁垒，改变农村要素单向流出格局，推动资源要素向农村流动。优先保障"三农"资金投入，坚持把农业农村作为财政优先保障领域和金融优先服务领域，公共财政更大力度向"三农"倾斜，县域新增贷款主要用于支持乡村振兴。地方政府债券资金要安排一定比例用于支持农村人居环境整治、村庄基础设施建设等重点领域。优先安排农村公共服务，推进城乡基本公共服务标准统一、制度并轨，实现从形式上的普惠向实质上的公平转变。完善落实农业农村优先发展的顶层设计，抓紧研究出台指导意见和具体实施办法。

（三）培养懂农业、爱农村、爱农民的"三农"工作队伍。建立"三农"工作干部队伍培养、配备、管理、使用机制，落实关爱激励政策。引导教育"三农"干部大兴调查研究之风，倡导求真务实精神，密切与群众联系，加深对农民感情。坚决纠正脱贫攻坚和乡村振兴工作中的形式主义、官僚主义，清理规范各类检查评比、考核督导事项，切实解决基层疲于迎评迎检问题，让基层干部把精力集中到为群众办实事办好事上来。把乡村人才纳入各级人才培养计划予以重点

支持。建立县域人才统筹使用制度和乡村人才定向委托培养制度，探索通过岗编适度分离、在岗学历教育、创新职称评定等多种方式，引导各类人才投身乡村振兴。对作出突出贡献的各类人才给予表彰和奖励。实施新型职业农民培育工程。大力发展面向乡村需求的职业教育，加强高等学校涉农专业建设。抓紧出台培养懂农业、爱农村、爱农民"三农"工作队伍的政策意见。

（四）发挥好农民主体作用。加强制度建设、政策激励、教育引导，把发动群众、组织群众、服务群众贯穿乡村振兴全过程，充分尊重农民意愿，弘扬自力更生、艰苦奋斗精神，激发和调动农民群众积极性主动性。发挥政府投资的带动作用，通过民办公助、筹资筹劳、以奖代补、以工代赈等形式，引导和支持村集体和农民自主组织实施或参与直接受益的村庄基础设施建设和农村人居环境整治。加强筹资筹劳使用监管，防止增加农民负担。出台村庄建设项目简易审批办法，规范和缩小招投标适用范围，让农民更多参与并从中获益。

当前，做好"三农"工作意义重大、任务艰巨、要求迫切，除上述8个方面工作之外，党中央、国务院部署的其他各项工作必须久久为功、狠抓落实、务求实效。

让我们紧密团结在以习近平同志为核心的党中央周围，全面贯彻落实习近平总书记关于做好"三农"工作的重要论述，锐意进取、攻坚克难、扎实工作，为决胜全面建成小康社会、推进乡村全面振兴作出新的贡献。

附录2 服务精准扶贫国家林下经济及绿色产业 示范基地名单

国家林业局办公室关于公布"服务精准 扶贫国家林下经济及绿色产业示范基地" 名单的通知(办改字〔2016〕152号)

各省、自治区、直辖市林业厅(局):

根据《国家林业局办公室关于在贫困地区开展国家林下经济及绿色特色产业示范基地推荐认定的通知》(办改字〔2016〕84号)规定,结合全国林下经济现状和服务精准扶贫总体要求,在各地推荐申报的基础上,经专家评审和公示,现认定河北省临城县等225家单位为"服务精准扶贫国家林下经济及绿色产业示范基地"(以下简称示范基地,具体名单见附件)。

开展示范基地创建工作,是贯彻落实中共中央关于脱贫攻坚的战略部署和精准扶贫、精准脱贫的基本方略及《国务院办公厅关于加快林下经济发展的意见》(国办发〔2012〕42号)中"形成一批各具特色的林下经济示范基地"的明确要求,是推动林下经济及绿色产业健康有序发展,促进农民尽快脱贫致富、提高贫困地区自我发展能力的根本举措,是实现生态保护脱贫、产业特色脱贫的有效途径,各地对此要高度重视。

示范基地创建要与全国林下经济发展规划相结合,因地制宜,科学制定符合当地特色的示范基地建设方案。通过示范基地创建,在贫困地区培育一批能带动贫困户长期稳定增收的优势特色产业,建设一批贫困人口参与度高的特色产业基地,建成一批对贫困户脱贫带动能力强的特色产品加工、服务基地。重点扶持一批规模大、效益好、带动力强、扶贫作用明显的示范基地,通过以点带面的示范带动作用,优先推广先进经验和发展模式,辐射带动广大农民积极发展林下经济及绿色产业增收脱贫,为周边及类似区域提供借鉴参考,更好地发挥林下经济及绿色产业在服务精准扶贫中的特殊作用。

要注重发挥政策、资金、项目的引导和拉动作用,加大对示范基地的扶持力度,不断增强示范基地的影响力。要加强对示范基地运行情况的监督管理,加强对优秀示范基地经验的总结、宣传,切实发挥示范基地的示范带动作用,进一步促进示范基地持续健康发展。

我局每两年对示范基地建设情况进行复核,不合格的将取消示范基地称号。

特此通知。

附件：服务精准扶贫国家林下经济及绿色产业示范基地名单

国家林业局办公室
2016 年 7 月 26 日

附：服务精准扶贫国家林下经济及绿色产业示范基地名单
1. 河北省临城县
2. 河北省赤城县
3. 安徽省石台县
4. 江西省遂川县
5. 江西省莲花县
6. 河南省商城县
7. 河南省卢氏县
8. 河南省南召县
9. 湖北省罗田县
10. 湖北省英山县
11. 湖北省保康县
12. 湖南省新宁县
13. 湖南省慈利县
14. 湖南省隆回县
15. 湖南省宜章县
16. 湖南省新邵县
17. 广西壮族自治区龙胜县
18. 广西壮族自治区环江县
19. 重庆市石柱县
20. 四川省平昌县
21. 四川省巴州区
22. 四川省叙永县
23. 四川省金阳县
24. 贵州省荔波县
25. 贵州省习水县
26. 贵州省丹寨县
27. 云南省泸西县

28. 云南省金平县

29. 云南省龙陵县

30. 云南省永仁县

31. 云南省彝良县

32. 云南省元阳县

33. 西藏自治区察雅县

34. 西藏自治区芒康县

35. 甘肃省康县

36. 甘肃省静宁县

37. 甘肃省徽县

38. 青海省湟中县

39. 青海省大通县

40. 新疆维吾尔自治区英吉沙县

41. 新疆维吾尔自治区和田县

42. 河北绿蕾农林科技有限公司

43. 丰宁满族自治县丰北农牧有限公司

44. 丰宁满族自治县兆瑞种植有限公司

45. 怀安县安民本草种植专业合作社

46. 河北省岭丰苗木种植专业合作社

47. 河北保民农业科技开发有限公司

48. 蔚县百草园园林绿化工程有限责任公司

49. 大同市灵丘县道自然有机农业专业合作社

50. 晋中市榆社县农发新能源科技有限公司

51. 内蒙古森发林业开发（集团）有限公司

52. 突泉县丽华种苗专业合作社

53. 内蒙古道地林药种植有限公司

54. 内蒙古蒙能农业科技有限公司

55. 呼和浩特蒙禾源菌业有限公司

56. 突泉县绿源葡萄种植专业合作社

57. 莫力达瓦旗文霞苗木生态种养殖专业合作社

58. 扎赉特旗茂林专业合作社

59. 化德县艳阳天农民专业合作社

60. 内蒙古国森有限公司

61. 内蒙古梅芳农业科技公司

62. 阿里河林业局

63. 兴安盟文冠果生物质能源有限公司
64. 呼伦贝尔环球瞭望生物科技有限公司
65. 吉林省北佳中药材科技开发有限公司
66. 汪清东北红豆杉生物科技有限公司
67. 延边兴林生物科技有限公司
68. 黑龙江亮子河奔腾生物科技有限公司
69. 汤原波巴布生物科技有效公司
70. 汤原县阳光大榛子种植专业合作社
71. 绥滨县绿林蔬菜专业合作社
72. 桦川县众鑫蓝莓种植专业合作社
73. 桦川县横林食用菌种植专业合作社
74. 安徽华之慧生态农业发展有限公司
75. 申发农作物种植农民专业合作社
76. 昊宇农业科技有限公司
77. 映山红农业发展有限公司
78. 天缘水栀子种植合作社
79. 安徽世纪绿药生态农林有限公司
80. 南山金竹农林开发有限公司
81. 安徽天鹅科技实业（集团）有限公司
82. 安徽秋浦河旅游股份有限公司
83. 安徽恒兴园城市园林绿化有限公司
84. 安徽裕民生态农业有限公司
85. 舒城金鑫中药材有限公司
86. 嘉禾农业科技有限公司
87. 德海林业专业合作社
88. 舒城杰森林业专业合作社
89. 安徽天赋生物科技有限公司
90. 红田林业开发有限公司
91. 绿野中药材专业合作社
92. 绿飨园现代农业有限公司
93. 六安市绿农林木有限责任公司
94. 金银山农业科技开发有限公司
95. 安徽钜源农林科技开发有限公司
96. 虞海园林绿化工程有限公司
97. 大别山神州通油茶投资有限公司

98. 兴诚生态农业发展有限公司
99. 江西省元宝山农业发展有限公司
100. 莲花县泰昌农业专业合作社
101. 横峰县葛园种养专业合作社
102. 江西鑫海花木有限公司
103. 江西省福鑫生态农业发展有限公司
104. 九江升科生态农业发展有限公司
105. 河南嘉联农林有限公司
106. 固始华阳林业专业合作社
107. 确山县光照中药材种植专业合作社
108. 河南津味思农业食品发展有限公司
109. 确山县雨辰种植专业合作社
110. 河南丹圣源农业开发有限公司
111. 上蔡县正禾种植服务专业合作社联合社
112. 滑县学成种植农民专业合作社
113. 河南盘古溪生态茶叶股份有限公司
114. 光山县建宏中天农林发展有限公司
115. 湖北神农本草中药饮片有限公司
116. 湖北京穗农林科技发展有限公司
117. 红安县老君眉茶场
118. 五峰红花玉兰种植专业合作社
119. 五峰高峰林业专业合作社
120. 湖北伟丰中药材种植专业合作社
121. 阳新三元实业有限公司
122. 湖南旺正新材料有限公司
123. 湖南湘北盛农林农民专业合联社
124. 绥宁武阳兴林油茶专业合作社
125. 新邵县长春藤中药材种植专业合作社
126. 会同县群益魔芋专业合作社
127. 泸溪县金土地药材种植专业合作社
128. 张家界广惠中药材专业合作社
129. 城步天元农业开发有限公司
130. 湖南四峰牧业有限公司
131. 湖南山山绿色食品有限公司
132. 郴州湘众中药材种植贸易有限公司

133. 花垣中方铁马林业科技开发有限公司

134. 湖南鸿光林产品开发有限公司

135. 湘西浦市红禾生态农业发展有限公司

136. 通道春香苗木专业合作社

137. 安仁县强农林业农民专业合作社

138. 湖南省新晃县龙脑开发有限责任公司

139. 海南福莱斯林业有限公司

140. 白沙黎族自治县碧盈农业开发有限公司

141. 四川秦巴中药科技有限公司

142. 青川县唐家河野生资源开发有限责任公司

143. 古蔺县顺家山核桃种植专业合作社

144. 剑阁县姚氏土鸡养殖专业合作社

145. 南江彩叶苗木专业合作社

146. 宣汉县龙森中药材种植有限责任公司

147. 四川裕德源生态农业科技有限公司

148. 巴中市巴州区开心种养殖专业合作社

149. 南江县茶叶产业发展中心

150. 通江县王黑垭林业专业合作社

151. 旺苍县英萃镇国林坡核桃专业合作社

152. 旺苍县乡土核桃种植农民专业合作社

153. 四川印山红农业科技有限公司

154. 旺苍县普济镇黄花山核桃专业合作社

155. 贵州省黔南州独山县绿健神农公司

156. 贵州省普定县印象朵贝茶种植专业合作社

157. 贵州省黔西南州安龙县西城秀树农林有限责任公司

158. 贵州省普定县梭筛种植专业合作社

159. 贵州省黔东南州黎平县高屯镇绞便村油茶农民专业合作社

160. 贵州省黔东南州天柱县永兴油茶种植专业合作社

161. 云南博泽林化工有限公司

162. 彝良县原生态天麻种植专业合作社

163. 普洱三国庄园茶叶有限责任公司

164. 云南岚福源生态资源投资有限公司

165. 碧丽源（云南）茶业有限公司

166. 东川区井田中药饮片厂

167. 昭通市益雄药业有限责任公司

168. 漾濞县昌茂林业开发有限公司
169. 西双版纳宏思达农业科技发展有限公司
170. 泸水县顺发土鸡养殖专业合作社
171. 云南安得利农林科技有限公司
172. 云龙县宏达核桃专业合作社
173. 泸水县春林实业有限责任公司
174. 泸水县万群种养殖有限责任公司
175. 云南南葛兴邦农业发展有限公司
176. 云南峻山傲斛珍浠植物药业有限公司
177. 兰坪滇盛中药材种植有限公司
178. 金佤生物有限责任公司
179. 彝良县山地天麻种植专业合作社
180. 会泽洪源种植专业合作社
181. 普洱市玉林林业开发有限公司
182. 禄劝绿大地农业科技发展有限公司
183. 昆明兴海园林养护有限公司禄劝分公司
184. 隆阳区上麦庄核桃种植专业合作社
185. 云南群田高原特色农业开发有限公司
186. 昆明益生药业有限责任公司
187. 云南省岭瑞农业开发有限公司
188. 高黎贡山生态茶业有限责任公司
189. 商洛市林业科工贸有限公司
190. 合阳县惠农苗木专业合作社
191. 白水县五兴果业有限责任公司
192. 汉中榛旺农业发展有限公司
193. 石泉县池河镇大阳村蚕桑专业合作社
194. 清涧县山区农业综合开发有限责任公司
195. 榆林市巨人食品科技开发有限公司
196. 甘肃甘富果业集团有限公司
197. 陇南田园油橄榄科技开发有限公司
198. 静宁县德美地缘林果专业合作社
199. 和政县辉林啤特果仓储销售专业合作社
200. 康县梅园太平山鸡养殖专业合作社
201. 迭部县夏涛菌业有限公司
202. 文县事丰农业开发有限责任公司

203. 徽县绿岭养殖农民专业合作社
204. 漳县永盛生态农民专业合作社
205. 会宁县头寨子镇双坪林场
206. 甘肃通渭县鑫旺林果专业合作社
207. 会宁县五七农业科技发展有限公司
208. 镇原县潘杨涧林场
209. 庆城县益林种植农民专业合作社
210. 古浪县紫钰枸杞种植专业合作社
211. 宁县兴园苗木药材养殖农民专业合作社
212. 灵台县金林种植农民专业合作社
213. 宁县翰森农林果种植农民专业合作社
214. 康县广红养殖农民专业合作社
215. 环县秀美山川苗木农民专业合作社
216. 庄浪县陇源恒康生态农庄有限公司
217. 青海树莓农业产业化有限公司
218. 湟源泽农药材种植有限公司
219. 海西真诚农业开发有限责任公司
220. 互助北山林区森林康养基地
221. 都兰县查查香卡众旺农牧有限责任公司
222. 青海诺蓝杞生物科技开发有限公司
223. 门源县金祥特色种植专业合作社
224. 晨光生物科技集团莎车有限公司
225. 喀什神恋有机食品有限责任公司

附录3 云南省林业生态脱贫攻坚实施方案(2018－2020年)

为全面贯彻党的十九大精神和习近平总书记新时期扶贫开发脱贫攻坚战略思想，加快推进全省深度贫困地区生态建设与产业发展，全面打好林业生态扶贫攻坚战，根据《中共中央办公厅 国务院办公厅关于支持深度贫困地区脱贫攻坚的实施意见》(厅字〔2017〕41号)、《国家林业局关于加快深度贫困地区生态脱贫工作的意见》(林规发〔2017〕126号)、《中共云南省委办公厅云南省人民政府办公厅印发〈关于深入推进深度贫困地区脱贫攻坚的实施意见〉的通知》(云厅字〔2018〕4号)精神，按照省委、省政府统一部署，制定本实施方案。

一、总体思路和工作目标

(一)总体思路。

全面贯彻落实党中央、国务院和省委、省政府关于坚决打赢脱贫攻坚战的决策部署，紧紧围绕"生态补偿脱贫一批"、"发展生产脱贫一批"的要求，坚持生态保护、绿色发展，充分发挥林业推进深度贫困地区脱贫攻坚的优势和潜力，以更加集中的支持、更加有效的举措、更加扎实的工作，不断加大林业生态建设、保护、修复力度，加快林业生态产业发展，增加贫困群众从生态建设中的获得感，提升贫困群众从林产业发展中的受益度。让贫困群众在参与林业生态治理和保护中增收，在发展林业生态产业中致富，实现"生态美、百姓富"的目标，在一个战场同时打赢生态治理与脱贫攻坚两场战役。

(二)工作目标。

到2020年，贫困地区贫困人口参与生态保护和建设、发展生态产业的收入占可支配收入的30以上，森林资源得到全面保护，生态环境明显改善，生态产业基础明显增强，通过生态扶贫，助推全省30万以上贫困户、110万建档立卡贫困人口稳定增收脱贫。具体目标：到2020年，力争全省贫困县选聘生态护林员达到10万人，带动40万贫困人口；力争实施退耕还林还草913万亩，带动20万建档立卡户70万人增收；积极组建生态扶贫专业合作社，大力发展特色经济林，加快林下经济发展，建立生态扶贫长效机制，有效带动贫困人口增收脱贫。

二、基本原则

(一)坚持脱贫攻坚，统领全局。提高政治站位，坚持以脱贫攻坚统领林业事业发展全局，切实增强责任感和使命感，把脱贫攻坚作为林业工作的首要任务来抓，积极主动作为，敢于担当，让荒山增绿，农民增收，实现生态建设与脱贫攻坚协同共进。

（二）坚持精准施策，务求实效。聚焦深度贫困地区，重点支持国家明确的怒江州、迪庆州深度贫困地区和省委、省政府确定的深度贫困县，精确瞄准贫困村和建档立卡贫困户，切实将政策、项目、资金、任务、措施落实到贫困户，确保林业扶贫取得实效。

（三）坚持机制创新，示范带动。创新符合林业实际的扶贫机制，强化示范引领作用，打造怒江州生态脱贫示范区，探索生态保护、生态治理、生态产业带动贫困人口脱贫增收的组织模式、利益联结模式、政策统筹支持模式，不断增强和提高自我发展能力，建立长效的生态扶贫机制。

（四）坚持阳光扶贫，廉洁扶贫。始终将阳光扶贫、廉洁扶贫贯穿到林业脱贫攻坚工作的全过程，以"零容忍"的态度，加强对林业脱贫攻坚各个环节的监管，确保打赢生态治理和林业脱贫攻坚战。

三、脱贫攻坚任务

（一）大力实施退耕还林还草脱贫

1. **退耕还林还草任务优先安排支持贫困地区**。积极争取国家新一轮退耕还林任务，扩大退耕还林规模，将我省陡坡耕地梯田、15－25度重要水源地和石漠化地区非基本农田坡耕地以及严重污染耕地纳入国家扩大新一轮退耕还林还草规模范围，到2020年，全省争取实施913万亩退耕还林还草任务，带动20万户建档立卡贫困户70万人增收。退耕还林还草年度建设任务优先满足贫困县、贫困村、贫困户退耕需求，每年新增任务80%以上向全省88个贫困县倾斜安排，优先安排支持深度贫困地区25度以上坡耕地实施退耕还林还草。进一步摸清贫困户的退耕需求，动态掌握贫困户符合退耕耕地的存量情况，确保贫困地区"应退尽退"、有退耕还林需求的贫困户"应纳尽纳"，切实提高贫困户退耕还林的参与度和受益水平，提升退耕还林惠民成效。

2. **创新退耕还林机制。以现代农业发展思路和理念为引**。领，改变过去一家一户退耕的传统模式，把退耕还林作为调整种植结构，发展现代高原特色产业的绝好机遇，大胆创新，积极鼓励和引导社会资本参与实施退耕还林，大力培育扶持各类新型经营主体，整合土地、劳动力、政策性补助等生产要素，将退耕还林、脱贫攻坚、产业发展有机结合起来，按照"资源变资产、资金变股金、农民变股东"的模式，通过有组织的实施集中连片退耕还林，建设规模化、产业化的高原特色优势产业基地，使山区群众持续增收，确保贫困户得到长期稳定收益，巩固脱贫成效。

（二）全面实施生态保护脱贫

1. **加大生态护林员选聘规模**。根据国家加大对深度贫困地区支持的政策精神，中央财政将加大投入，扩大生态护林员选聘规模，对森林、湿地、沙地全面管护。在积极争取国家支持的基础上，省财政加大对生态护林员的支持力度，相应安排资金增加生态护林员选聘规模，在现有 5 万人的基础上再增加 5 万人，力争到 2020 年全省生态护林员达到 10 万人，人均管护面积稳定在 2300 亩以下，带动 40 万贫困人口稳定增收脱贫。

重点支持怒江州、迪庆州。怒江州、迪庆州是国家重点支持的"三区三州"深度贫困地区，森林资源丰富、生态区位重要，具有较好的生态保护脱贫基础，在新增安排生态护林员时对怒江州、迪庆州予以重点考虑，争取对有劳动能力、符合条件且有意愿的贫困户实现基本覆盖。倾斜支持深度贫困地区，对除怒江州、迪庆州外的其余 20 个深度贫困县加大支持力度，在安排生态护林员上给予倾斜。

2. 完善生态效益补偿机制。积极争取提高森林生态效益。补偿标准，扩大深度贫困地区森林生态效益补偿范围，促进贫困人口生态补偿收入稳步增长。按照公益林补偿资金使用"管补分离"的要求，进一步完善公益林管护体系，科学合理的安排使用公益林管护资金，增加公益林管护岗位。调整现有护林员结构，选聘更多的建档立卡贫困人口参与公益林管护，通过挖掘存量、调整结构，最大限度将有劳动能力的贫困人口转化为护林员，让更多贫困人口从公益林管护中受益。

3. 用好天然林保护政策。用好天保工程和扩大天然林保

护的政策，利用天保工程管护费标准提高和扩大天然林保护范围新增资金，扩大天然林保护护林员规模，增加森林管护岗位，为贫困地区创造更多的就业机会。通过购买服务的方式，优先选聘贫困人口参与天然林管护，让更多贫困人口从天然林保护中获得稳定的劳务收入。

4. 不断加强湿地保护。优先安排深度贫困地区中央财政湿地补贴，重点开展湿地保护与恢复、湿地生态效益补偿、退耕还湿试点等项目建设，加强湿地生态系统的保护、恢复和管理，增设湿地管护员，增加贫困人口参与保护和服务的公益岗位。

（三）积极发展生态产业脱贫

1. 大力发展特色经济林。依托生态工程建设项目和造林补助项目，结合实际，因地制宜，调整种植结构，重点扶持贫困户发展以核桃、花椒、澳洲坚果、油橄榄、油茶、板栗等为主的特色产业，建成一批高标准、高质量的经济林果基地。大力实施提质增效，对贫困户现有木本油料经济林优先安排项目资金扶持，通过技术措施，提高经营管理水平，实现木本油料经济林稳产高产，农民稳定增收。以市场需求为导向，以提升一产、打造二产、壮大三产为核心，推动核桃、澳洲坚果、油茶、油橄榄等木本油料产业深度融合发展。到 2020 年，

经济林果种植面积 5600 万亩以上，实现核桃产业综合产值 650 亿元、花椒产业综合产值 30 亿元、澳洲坚果产业综合产值 10 亿元、板栗产业综合产值 10 亿元、油茶产业综合产值 8 亿元、油橄榄产业综合产值 1 亿元，形成一批产业链完整、有持续盈利能力、对贫困群众增收明显的特色林产业。

2. **着力加快林下经济发展**。鼓励引导贫困户以劳动力、林地出租、入股等形式参与林下经济开发，在不改变林地用途、不影响生态功能的前提下，充分利用林下自然条件，重点发展林药、林菌、林菜等种植业和林禽、林畜、林蜂等养殖业，打造示范基地，进行科学合理生产经营。以专业合作社为主体，以市场需求为导向，按照"规模化、区域化、产业化"的要求，结合各地实际，深化林下产品采集加工，重点培育绿色食品，大力打造品牌，将资源优势转化为经济优势，让山区贫困群众在保护好绿水青山的同时获取更多收益，"不砍树也能致富"。

3. **着力培育新型经营主体**。推进森林资源有序流转，推广经济林木所有权、林地经营权等新型林权抵押贷款改革，拓宽贫困人口增收渠道。推进集体林业适度规模经营，采取扶持、改造、重组等多种形式，扶持培育一批有特色、有优势、产业关联度大、带动能力强的大型龙头企业，带动中小企业协调发展。大力培育以林业专业大户、家庭林场、林农专业合作社、林业龙头企业和专业化服务组织为重点，集约化、专业化、组织化、社会化相结合的新型林业经营体系，促进区域经济发展，有效带动建档立卡贫困户脱贫。

4. **积极发展森林生态旅游**。支持贫困地区依法依托自然保护区、国家公园、森林公园和湿地公园等自然保护地，按照所有权、管理权和经营权分离的方式，逐步推行特许经营和社区反哺机制，开展与资源保护相一致的生态旅游，吸纳建档立卡贫困人口，参与生态保护和生态旅游服务工作，拓展贫困地区就业渠道。鼓励在保持管理职能和资源权属不变的基础上，采取合资、合作、特许等方式，吸纳企业、个人、社会团体等参与生态旅游发展，支持林农以林地、湿地上的景观资源入股，开展特色乡村森林旅游、森林休闲和森林康养等旅游业，拓宽增收渠道。选择具有一定资源条件的贫困地区开展旅游扶贫示范，通过发展森林人家、观鸟、手工业、提供生态产品等方式，提高贫困地区社区群众科学利用资源的能力，变山区劣势为优势，带动贫困户增收脱贫，充分发挥森林生态旅游对贫困地区的扶持作用。

（四）推广林业扶贫专业合作社脱贫

学习借鉴山西省造林专业合作社经验，结合我省实际情况，积极推广、组建林业扶贫专业合作社（专业队），鼓励有经验、有能力、有实力的法人或自然人领办、创办吸纳一定比例贫困人口的扶贫攻坚专业合作社（专业队）。采取议标等方式将退耕还林、石漠化综合治理、天保工程、陡坡地生态治理、森林抚育、提质增效、低效林改造、林下经济开发等重点生态工程和产业发展项目安排给合作社（专业队）实施，吸纳更多的贫困人口参与生态建设，让贫困群众从生态建设中获得更多劳务收入，提高贫困人口的参与度和受益水平。

（五）加大农村能源建设支持

农村能源建设重点倾斜支持深度贫困地区，精确对准建档立卡贫困户。省级对 27 个深度贫困县的农村能源建设给予倾斜支持，各县要优先安排建档立卡贫困户进行省柴节煤炉灶改造或安装太阳能热水器，以改善贫困群众生产生活用能条件。对深度贫困地区的建档立卡贫困户，各县可整合财政专项扶贫资金提高农村能源建设补助标准，确保农村能源建设任务落得下去、能够实施、及时发挥效益，助力脱贫攻坚。

（六）加强林业科技扶贫

1. 推广主要技术成果 72 项。优先推广先进、实用、效益突出的林业科技成果 72 项，其中用材林丰产栽培技术 14 项、经济林丰产栽培技术 26 项、竹藤与林下种植技术 10 项、生态修复及植被恢复技术 10 项、森林灾害防控与其他综合 12 项。动员和组织各级林业专家及科技工作者积极投身脱贫攻坚工作，每年向深度贫困地区选派林业科技辅导员 100 名以上，促进林业科技成果在贫困地区的推广应用，加快先进实用科技成果转化为现实生产力。

2. 建设科技扶贫示范基地 70 个。鼓励各县统筹中央林业改革发展资金和省级财政林业专项资金，整合各地扶贫和林业产业项目资金，结合脱贫攻坚的需要以及各贫困县（市、区）的实际，在贫困县（市、区）建设林业科技示范基地 70 个以上，形成科技示范基地网，使科技通过示范变成看得见的"实体"，充分发挥基地的示范和辐射带动作用。

3. 培训一批脱贫致富带头人。加强贫困地区以返乡农民工、大学生村官、乡土人才、科技示范户等人群为重点对象，以林产品种养殖实用技术为主要内容的科技培训，提高山区群众的科技素质，提升自我发展能力，激发内生动力，增强造血机能，争取培训懂技术、会经营、善管理的脱贫致富带头人和新型职业农民 2 万人，带领贫困户依靠科技发展产业增收脱贫，扶智与扶志相结合，促使扶贫方式由"输血型"扶贫向"造血型"扶贫转变。

（七）做好扶贫项目涉林保障

1. **积极做好建设项目使用林地审批**。民生建设项目所需林地定额由省林业厅统筹保障，其他建设项目优先保障林地定额并及时依法审批。深度贫困地区脱贫攻坚建设项目使用林地的，在符合用地审批条件并做好补偿安置前提下，可以边建设边报批；旅游项目中的自然景观及为观景提供便利的观光台、栈道等非永久性附属设施使用林地的，在不破坏生态、景观环境和不影响地质安全的前提下，可不办理使用林地审核审批手续，按林地管理；光伏方阵使用林地的，在不影响种植、养殖等生产条件的前提下，可按原林地地类认定，按林地管理。

2. 依法免征森林植被恢复费。 贫困地区的农村居民按规定标准建设住宅，农村集体经济组织修建乡村道路、学校、幼儿园、敬老院、福利院、卫生院等社会公益项目以及保障性安居工程（含易地扶贫搬迁、棚户区改造）等建设使用林地的，依法免征森林植被恢复费。

3. 做好脱贫攻坚项目用材保障。 贫困地区脱贫攻坚建设项目需采伐、使用木材的，所需采伐指标由省林业厅从省级年森林采伐备用限额中统筹安排、下达各县（市、区）管理使用，并对林木采伐实行育林基金零征收。所需木材用量不足 10 立方米的，免做采伐作业设计；10 立方米以上的，推行简易作业设计和采伐自主管理。林木采伐许可证直接由乡（镇）林业站核发。乡（镇）林业站无核发条件的，由县级林业主管部门核发。

四、组织保障

（一）加强组织领导

按照省负总责，州市、县（市、区）抓落实的工作机制，精心组织实施好生态扶贫。按照职责分工，省林业厅、省扶贫办负责统筹协调、指导安排、督促落实生态扶贫工程实施，制定实施方案和考核办法，组织考核评估。各州市、县级政府承担主体责任，将实施生态扶贫工程作为打赢脱贫攻坚战的重要举措，统筹做好资金安排、政策衔接、项目落地、推进实施等工作。各州市及贫困县相关部门要细化任务分工，制定周密方案，拿出有效办法，狠抓工作落实。

（二）加强政策支持

落实政府投入责任，省、州市、县（市、区）三级财政安排的生态项目资金进一步向贫困地区倾斜，贫困县要通过统筹整合相关财政资金，加大生态扶贫投入力度。激发实施生态扶贫动力，通过生态扶贫与相关特色产业脱贫、基础建设等措施的有效衔接，形成合力，提高脱贫攻坚实际效果，确保生态扶贫顺利实施。

（三）加强基础工作

要切实加强生态扶贫统计和档案管理工作，确保扶贫档案完整、准确、系统、安全和有效利用；认真做好生态扶贫数据收集、调度、统计、归档，为扶贫开发工作考核评价体系提供原始记录和真实凭据；主动加强与扶贫部门的沟通与协作，配合做好扶贫开发大数据平台建设等工作，确保生态扶贫数据信息精准。

（四）加强监督执纪

严格执行扶贫领域监督执纪问责五项工作机制，按照统筹协调，分级负责、分口把关、集中处置原则，以问题为导向，对生态扶贫中"不作为、慢作为、乱作为"和扶贫资金使用中存在的问题进行监督执纪问责，做到阳光扶贫、廉洁扶贫。

（五）加强舆论宣传

各级、各单位要高度重视宣传工作，采取多种形式加大宣传报道力度，全面准确地解读生态扶贫的重大意义、重点任务、政策举措和工作要求等，力求将生态扶贫政策宣传到村、到户、到人，做到人人皆知；及时发现、挖掘、总结、推广生态扶贫工作的好经验、好做法，为扶贫攻坚凝聚强大工作合力，营造良好舆论氛围，推动生态扶贫工作深入开展。

附录4　云南省林下产业扶贫绩效评价及路径研究调研农户调查问卷

封面

县（市、区）	泸水市
乡（镇）	鲁掌镇
行政村	三河村
受访者姓名	
联系电话	
农户类型	□建档立卡户[□一般贫困户 □低保户　□五保户 □脱贫户] □非建档立卡户[□非贫困户　□建档立卡调出户]
调查日期	年　　　月　　　日
调查员姓名	

A 家庭情况

A1 家庭成员

成员代码	（家里人口数）	1	2	3	4	5	6	7	8
性别	①男②女								
年龄	直接填入数字(岁)								
民族	填写民族名称								
文化程度	①文盲②小学③初中④高中⑤中专(职高技校)⑥大专及以上								
主要社会身份	①村干部②离退休干部职工③教师医生④村民代表⑤普通农民⑥其他								
当前健康状况	①健康②长期慢性病③患有大病④残疾								
务工状况	①乡镇内务工②乡镇外县内务工③县外省内务工④省外务工⑤其他(包括在家务农、学生、军人等情况)								
医疗保障(多选)	①新农合②城镇居民医保③职工医保④商业保险⑤均无								
养老保障(多选)	①城乡居民基本养老保险②城镇职工基本养老保险③商业养老保险④退休金⑤均无								

A2 家庭收入与支出

人均年收入（元）	
人均林下产业年收入（元）	
人均林下产业扶贫资金（元）	

B 扶贫脱贫情况

此部分填写对象为：2018 年上半年的非建档立卡贫困户（与封面住户类型对应）

是否曾经为建档立卡户	①是 ②不是 ③不清楚
如是，哪一年从系统中被调整出来	①2014 年 ②2015 年 ③2016 年④2017 年
您对调整结果是否满意	①满意②不满意 ③无所谓
您家参与的扶贫政策有哪些	①技能培训 ②小额贷款 ③产业扶贫④带动就业 ⑤易地搬迁 ⑥基础设施建设 ⑦公共服务和社会事业
政府为您家安排的项目是否合理	①很合理 ②比较合理 ③一般 ④不太合理 ⑤很不合理
主要脱贫方式	①发展生产 ②易地搬迁 ③小额贷款 ④外出打工 ⑤带动就业 ⑥资金救助 ⑦基础设施建设 ⑧其他

此部分填写对象为：2018 年上半年的建档立卡贫困户（与封面住户类型对应）

哪一年成为建档立卡户	①2013 年 ②2014 年 ③2015 年④2015 年⑤2016 年
您对认定程序是否满意	①满意②不满意 ③无所谓
您对认定结果是否满意	①满意②不满意 ③无所谓
目前您家参与的扶贫政策有哪些	①技能培训 ②小额贷款 ③产业扶贫④带动就业 ⑤易地搬迁 ⑥基础设施建设 ⑦公共服务和社会事业 ⑧其他
政府为您家安排的项目是否合理	①很合理 ②比较合理 ③一般 ④不太合理 ⑤很不合理
本村目前为止扶贫效果如何	①非常好 ②比较好 ③一般 ④不太好 ⑤很不好
主要致贫原因	①生病 ②上学 ③灾害 ④缺资金 ⑤缺技术 ⑥缺劳动 ⑦交通条件 ⑧其他

C 林地经营

C1 土地资源面积

	经营面积（亩）①	经营块数	主要树种
林地面积			
耕地面积			

---

① 为了更容易获得数据，问卷中以"亩"为单位，并未进行国际单位换算，下同。

C2 林下产业经营

经营开始时间	经营面积（亩）	年投入资金（元）	年总投劳（工日）	年产量	年收入（元）	组织方式*	销售渠道**

*组织方式：1 农户；2 农户 + 专业合作社；3 农户 + 龙头企业；4 农户 + 专业合作社 + 龙头企业；5 农户 + 村集体；6 农户 + 村集体 + 龙头企业；7 = 农户 + 县（乡）政府；8 = 其他（请注明）

**销售渠道：1 自己零售；2 卖给经纪人；3 公司收购；4 村集体组织销售；5 合作社组织销售；6 政府组织收购；7 其他

问题	备选项	具体说明
是否愿意扩大经营规模	①是②否	
对林下产业发展前景的态度	①非常看好②比较看好③一般④不太看好⑤非常不看好	
从事林下产业经营中遇到的困难	①缺资金②缺技术③缺劳动力④缺销路⑤缺基础设施⑥缺好项目⑦林地问题⑧其他	
从事林下产业经营时期望得到的支持	①资金支持②技术支持③人才支持④市场支持⑤信息支持⑥政策支持⑦其他	
从事林下产业经营最有效的组织形式	①农户②企业③村集体④合作社⑤县（乡）政府⑥其他	

D 组织形式

D1 合作社组织

问题	备选项	具体说明
本村是否有专业合作组织	①有②无③不清楚	
如有，自家是否参与	①是②否	
如否，没有参加的原因	①没有合作社②不想加入③不让加入④其他	
您多久参加一次合作社的活动	①1 个月②1～3 个月③3～6 个月④6～12 个月⑤一年以上⑥基本没有⑦从来没有	
合作社提供的服务有哪些	①生产服务②科技服务③运销服务④加工服务⑤贷款服务⑥产销加一体化服务⑦其他	
参与合作社后，效益是否得到提升	①是②否	
期望合作社提供的帮助有哪些	①资金扶持②技术指导③产品销售④人才培训⑤市场推广⑥提供信息⑦其他	
您对专业合作社的满意度	①很满意 ②比较满意 ③一般 ④不太满意 ⑤很不满意	

D2 企业基地

问题	备选项	具体说明
本村是否有企业入驻	①有②无③不清楚	
您与本企业是否有合作	①有②否	
如有，与企业合作的经营模式	①公司＋农户②公司＋基地＋农户③公司＋合作社＋农户④其他	
企业是否与您签订合作协议	①是②否	
签订协议的时效	①1年以下②1～3年③3～5年 ④ 其他	
企业给予的支持	①资金支持②技术支持③人才支持④市场支持⑤信息支持⑥其他	
您与企业的结算方式是	①现金交易②分期付款③产品深加工出售后付款④按照协议约定具体付款方式付款⑤其他	

E 技能培训

问题	备选项	具体说明
是否愿意接受相关培训	①是②否	
是否参与过有关扶贫的培训	①有②无	
对参与培训的态度	①只要能学到一技之长，一定会参与②视培训内容决定③免费培训都愿意 ④不忙时愿意参加 ⑤其他	
培训时间	（六位格式）　　年　　月　　日	
培训内容	①技术类培训 ②经营管理类培训 ③服务类培训 ④加工类培训 ⑤其他	
技能是否得到提升	①是 ②否 ③不清楚	
培训效果评价	①很满意 ②比较满意 ③一般 ④不太满意 ⑤很不满意	
林下产业发展方面，您希望得到哪方面培训	①技术类培训 ②经营管理类培训 ③市场开拓类培训④销售渠道和方式类培训 ⑤其他	
您认为影响农民参与培训积极性的因素有哪些	①个人重视程度②培训内容 ③培训形式 ④培训地点⑤培训时间⑥培训作用⑦其他	

F 生活状况

F1 居住环境

问题	备选项	具体说明
对当前住房状况的满意程度	①很满意 ②比较满意 ③一般 ④不太满意 ⑤很不满意	
住房离最近硬化公路的距离	（米）	
入户路类型	①泥土路 ②砂石路 ③水泥路 ④柏油路	

问题	备选项	具体说明
最主要的饮用水源	①经过净化处理的自来水②井水或泉水③江河湖泊水④收集雨水⑤桶装水⑥其他	
是否有互联网宽带	①有 ②无	
对当前住房状况的满意程度	①很满意②比较满意③一般④不太满意⑤很不满意	
是否有管道供水	①管道供水入户②管道供水至公共取水点③没有管道设施	
最主要的炊事能源	①柴草②煤炭③液化石油气④天然气⑤电⑥沼气⑦其他	
生活垃圾处理	①送到垃圾池②定点堆放③随意丢弃④自家焚烧⑤其他	
生活污水排放	①管道排放②排到家里渗井③院外沟渠④随意排放⑤其他	
您家周围存在污染吗	①水污染②空气污染③噪声污染④土壤污染⑤垃圾污染⑥其他⑦无	
与产业扶贫前，您家生活变得怎么样	①好很多②好一些③差不多④差一些⑤差很多	

G 发展建议

1. 您认为哪些林下产业扶贫效果显著?

2. 您认为本村贫困识别与退出机制是否合理?

3. 您对本村的扶贫开发工作有什么看法?

附录 5　访谈提纲

各级林业相关部门访谈提纲

1. 基本概况：林业资源(森林覆盖率、经济林和公益林分布等)，产业类型、分布及规模，林下产业类型、分布及规模；

2. 发展现状：林下产品产量、经营效益(经济效益、生态效益及社会效益)，相关企业发展(龙头企业和其他企业)，林下产品市场销售(销售价格、销售渠道、销售策略)，核桃产业发展，取得的成效及成功经验，存在的问题及面临的瓶颈，林下经济发展规划；

3. 改进措施：提升核桃产业、林下产业的对策及具体实践路径；

4. 扶贫开发：林下产业扶贫的可行性及重要性，林下产业扶贫的优势、劣势、机遇与挑战，林下产业扶贫模式、成效及存在的问题。

各级扶贫办访谈提纲

1. 贫困概况：贫困县(村)分布及基本情况，贫困户(人口)、建档立卡贫困户(人口)；

2. 扶贫项目：项目类型、比重、效益，林下产业扶贫类型、比重、效益；

3. 扶贫开发：扶贫政策及落实情况，识别标准及退出机制，监管制度及资金投入，农户参与度，企业扶贫力度；

4. 扶贫评价：取得的成效、存在的问题、面临的困难、改进的措施。

贫困县村干部访谈提纲

1. 基本情况：户数(总户数、贫困户数、建档立卡贫困户户数)、人口(总人口、贫困人口、建档立卡贫困户人数)、面积(总面积、林地面积、耕地面积等)、经济收入、收入构成、产业结构，林权构成；

2. 林地资源(经济林的主要树种类型、公益林的面积、比重、补贴)、林业发展现状、林下经济发展现状、核桃产业发展现状，合作社及相关企业发展情况；

3. 近 5 年开展的扶贫项目及林业相关项目、扶贫开发工作成效报告及总结。

附录6 评价指标评分调查问卷

基于 AHP 层次分析法的云南省林下产业扶贫绩效评价体系调查问卷

您好！本研究团队正在开展关于云南省林下产业扶贫绩效评价方面的研究，目前已经完成相应评价指标体系的设计工作，现需要对其影响因素使用层次分析法进行分析。特邀请您作为专家对相关指标进行判断，谢谢！

一、研究内容介绍

"十三五"是我国全面实现小康社会的重要时期，云南省处于边疆、民族、贫困地区，扶贫难度大，脱贫任务十分艰巨。2016 年，国务院扶贫开发领导小组公布的国家级贫困县名单中，云南省所占数量最多，达到 73 个。产业是发展的根基，也是脱贫的主要依托。云南省森林面积达 1992.4 万 hm^2，森林覆盖率达到 55.7%，作为我国的林业大省，如何充分利用林下资源培育和发展高原特色优势产业是云南省实现脱贫致富的关键。

二、云南省林下产业扶贫绩效评价指标体系

目标层	准则层	指标层	指标要素层
云南省林下产业扶贫绩效评价指标体系	扶贫成效 B_1	经济发展 C_1	人均年收入 D_{11}
			林下产业脱贫人口占全部脱贫人口比例 D_{12}
			人均林下产业扶贫资金 D_{13}
			林下产业收入占总收入比重 D_{14}
			林下产业经营带动贫困人口覆盖度 D_{15}
		林区建设 C_2	林区通电率 D_{21}
			林区通水率 D_{22}
			林区通公路率 D_{23}
			林区信息化率 D_{24}
		生态保护 C_3	森林覆盖率 D_{31}
			林下产业的污水处理程度 D_{32}
			林下产业的生产垃圾处理程度 D_{33}
			林下产业对土壤与植物的保护程度 D_{34}

（续）

目标层	准则层	指标层	指标要素层
云南省林下产业扶贫绩效评价指标体系	扶贫持续性 B_2	贫困户增收可持续性 C_4	贫困户参与林业合作社的比例 D_{41}
			贫困户参与林业龙头企业的比例 D_{42}
			贫困户家庭青年劳动力比重 D_{43}
			贫困户家庭劳动力平均受教育水平 D_{44}
			贫困户接受林业相关专业知识培训的比例 D_{45}
		林下产业发展可持续性 C_5	贫困户对林下产业发展前景看好的比例 D_{51}
			贫困户愿意扩大林下产业规模的比例 D_{52}
			贫困户愿意增加林下产业投入资金比例 D_{53}
		生态建设可持续性 C_6	贫困户新能源使用率 D_{61}
			贫困户对生态环境保护的重视程度 D_{62}
	扶贫满意度 B_3	扶贫工作满意度 C_7	贫困户对林下产业扶贫政策的满意度 D_{71}
			贫困户对林下产业扶贫项目的满意度 D_{72}
			贫困户对退出机制的满意度 D_{73}
		扶贫效果满意度 C_8	贫困户对林区生产条件的满意度 D_{81}
			贫困户对林下产业发展的满意度 D_{82}
			贫困户对生态环境保护的满意度 D_{83}

三、问卷说明

此调查问卷的目的是确定林下产业扶贫绩效评价体系各影响因素之间的相对权重。调查问卷根据层次分析法（AHP）的形式设计。这种方法是在同一个层次对影响因素重要性进行两两比较。衡量尺度划分为 9 个等级。

四、问卷内容

（一）准则层评估

i ＼ j	扶贫成效	扶贫持续性	扶贫满意度
扶贫成效	—		
扶贫持续性	—	—	
扶贫满意度	—	—	—

（二）指标层评估

1．"扶贫成效"层面的各指标之间的比较

i ＼ j	经济发展	林区建设	生态保护
经济发展	—		
林区建设	—	—	
生态保护	—	—	—

2．"扶贫可持续性"层面的各指标之间的比较

i ＼ j	贫困户增收可持续性	林下产业发展可持续性	生态建设可持续性
贫困户增收可持续性	—		
林下产业发展可持续性	—	—	
生态建设可持续性	—	—	—

3．"扶贫满意度"层面的各指标之间的比较

i ＼ j	扶贫工作满意度	扶贫效果满意度
扶贫工作满意度	—	
扶贫效果满意度	—	—

（三）指标要素层评估

（1）"扶贫成效"中经济发展指标中各要素之间的比较

i ＼ j	人均年收入	林下产业脱贫人口占全部脱贫人口比例	人均林下产业扶贫资金	林下产业收入占家庭总收入比重	林下产业经营带动贫困人口覆盖度
人均年收入	—				
林下产业脱贫人口占全部脱贫人口比例	—	—			
人均林下产业扶贫资金	—	—			
林下产业收入占家庭总收入比重	—	—	—		
林下产业经营带动贫困人口覆盖度	—	—	—	—	

（2）"扶贫成效"中林区建设指标中各要素之间的比较

i \ j	林区通电率	林区通水率	林区通公路率	林区信息化率
林区通电率	—			
林区通水率	—	—		
林区通公路率	—	—	—	
林区信息化率	—	—	—	—

（3）"扶贫成效"中生态保护指标中各要素之间的比较

i \ j	森林覆盖率	林下产业的污水处理程度	林下产业的生产垃圾处理程度	林下产业对土壤与植物的保护程度
森林覆盖率	—			
林下产业的污水处理程度	—	—		
林下产业的生产垃圾处理程度	—	—	—	
林下产业对土壤与植物的保护程度	—	—	—	—

（4）"扶贫可持续性"中贫困增收可持续性指标中各要素之间的比较

i \ j	贫困户参与林业合作社的比例	贫困户参与林业龙头企业的比例	贫困户家庭青年劳动力比重	贫困户家庭劳动力平均受教育水平	贫困户接受林业专业知识培训的比例
贫困户参与林业合作社的比例	—				
贫困户参与林业龙头企业的比例	—	—			
贫困户家庭青年劳动力比重	—	—	—		
贫困户家庭劳动力平均受教育水平	—	—	—	—	
贫困户接受林业专业知识培训的比例	—	—	—	—	—

（5）"扶贫可持续性"中林下产业发展可持续性指标中各要素之间的比较

i＼j	贫困户对林下产业发展前景看好的比例	贫困户愿意扩大林下产业规模的比例	贫困户愿意增加林下产业投入资金比例
贫困户对林下产业发展前景看好的比例	—		
贫困户愿意扩大林下产业规模的比例	—	—	
贫困户愿意增加林下产业投入资金比例	—	—	—

（6）"扶贫可持续性"中生态建设可持续性指标中各要素之间的比较

i＼j	贫困户新能源使用率	贫困户对生态环境保护的重视程度
贫困户新能源使用率	—	
贫困户对生态环境保护的重视程度	—	—

（7）"扶贫满意度"中扶贫工作满意度指标中各要素之间的比较

i＼j	贫困户对林下产业扶贫政策的满意度	贫困户对林下产业扶贫项目的满意度	贫困户对退出机制的满意度
贫困户对林下产业扶贫政策的满意度	—		
贫困户对林下产业扶贫项目的满意度	—	—	
贫困户对退出机制的满意度	—	—	—

（8）"扶贫满意度"中扶贫效果满意度指标中各要素之间的比较

i＼j	贫困户对林区生产条件的满意度	贫困户对林下产业发展的满意度	贫困户对生态环境保护的满意度
贫困户对林区生产条件的满意度	—		
贫困户对林下产业发展的满意度	—	—	
贫困户对生态环境保护的满意度	—	—	